회색 교실

교사는 정치에서
자유로워야 한다

이정원

제주에서 나고 자랐다.

현재 제주한라대학교 방송영상학과 교수다.

제주와미래연구원 부설 〈제주 미디어 리터러시 연구소〉 소장이다.

제주대학교 사회학과와 언론홍보학과에서 강의했다.

제주대학교 언론홍보학과를 졸업하고, 제주대학교에서 사회학 석·박사를 받았다.

제민일보와 제주도민일보 기자를 했다.

제주특별자치도교육청에서 교육홍보 담당과 정책 소통관으로 일했다.

주요 관심 분야는 교육과 정치, 미디어 사회학이다.

영화와 등산, TV, 스포츠도 좋아하고 즐긴다.

관심 분야를 전공과 엮어 글 쓰고 방송하고 강의하는 것을 좋아한다.

회색 교실
교사는 정치에서 자유로워야 한다

2023년 5월 5일 초판 1쇄 발행

지은이 이정원 **펴낸이** 김영훈 **편집장** 김지희 **디자인** 김영훈 **편집부** 이은아, 부건영, 강은미
펴낸곳 한그루 **출판등록** 제651-2008-000003호 **주소** 제주특별자치도 제주시 복지로1길 21
전화 064-723-7580 **전송** 064-753-7580 **전자우편** onetreebook@daum.net **누리방** onetreebook.com

ISBN 979-11-6867-096-9 (03370)

ⓒ 이정원, 2023

값 11,000원

이정원 글

회색 교실

교사는 정치에서
자유로워야 한다

○
**아이들의
'질문'이
'정치'다**

○
**정치 중립에 묶이면
'다름'이
두렵다**

○
**인공지능보다
'한 명의 사람'이
중요하다**

한그루

들어가며

제주도교육청에서 일할 때 답답함만으로는 설명되지 않는 경험을 했다. 교사, 직원들과 정책을 이야기하는 자리였다. 어느 순간 나만 열심히 말하고 있었다.

민감한 '선'에서 상대방이 이야기를 멈췄다는 생각이 직감으로 들었다. 많이 아쉬웠다. 용기를 내서 선을 넘으면 이야기가 더 풍성했을 텐데. 정책도 더욱 현실성을 갖췄을 텐데.

생각과 말을 멈추게 한 '선'이 궁금했다. 그 선은 '정치적 중립성'이었다. '중립성'의 경계선을 굵게 긋고 정치적 자율성을 스스로 감시·통제하고 있었다.

'정치'를 피하면 나의 존재를 드러내는 언어가 사라진다. 삶의 재미도 떨어진다. 새로운 세상과 사람을 만나고, 사랑하며 이별하고, 갈등하며 충돌하는 과정에서 세상과 사람, 나를 향한 질문들이 꼬리에 꼬리를 물고 이어진다.

자신의 마음을 쉴 새 없이 두드리는 '질문'을 깨닫고 해결하는 과정이 정치 행위다. 정치가 두려우면 '나는 누구인가', '나의 생각은 어떠한가'라는 극히 기본적인 존재의 질문들을 마주하는 것도 두렵다.

정치로 자신을 발견하지 못하니 자신을 표현하고 드러내지 못한다. 나의 생각을 자신있게 말하지 못한다. 하지만 자신에게 쏟아지는 질문에서 평생 도망칠 수는 없다. 어떻게든 질문을 마주해 답을 해야 하는 순간이 온다. 가장 쉬운 방법은 법조문이나 정부·교육청의 공문 내용을 그대로 말하는 것이다.

교사들이 그어놓은 '정치 경계선'을 더 깊게 알고 싶었다. 박사 논문 주제로 선택했다. 〈한국 교사의 '정치적 중립성'에 대한 비판적 연구〉라는 논문을 완성했고, 2020년 사회학 박사 학위를 취득했다.

내가 가진 질문과 사유·연구의 결과를 더 많은 사람들과 나누고 싶었다. 글의 양과 난이도를 줄여 비교적 읽기 쉬운 책으로 내기로 결심했다. 정치 중립의 경계를 뛰어넘는 용기를 갖는 데 이 책이 작게나마 도움 되기를 바란다.

책이 나올 수 있도록 많은 도움을 준 한그루 관계자분들과 힘들 때마다 든든한 어깨를 내어주는 가족, 교수님들, 친구, 선후배들에게 고마움을 전한다.

회색 교실

교사는 정치에서
자유로워야 한다

들어가며   5

01 아이들의 '질문'이 '정치'다   12

02 '정치 중립'의 진짜 모습 ① 반공주의   23

03 '정치 중립'의 진짜 모습 ② '시장인간' 육성   33

04 양극화된 교실의 슬픈 풍경   43

05 정치 중립에 묶이면 '다름'이 두렵다   53

06 '정치 주체'들을 체벌로 다스릴 수 있나   63

07 낡은 정치 중립의 민낯, '가만히 있으라'   73

08 인공지능보다 '한 명의 사람'이 중요하다   83

09 다양성을 '관용'으로 포용해야 한다   93

10 '아이들'로 연대하는 정치적 주체로   103

회색
교실

교사는 정치에서
자유로워야 한다

아이가 남긴 '질문', 첫 직장을 그만뒀다

내 나이 25세, 대학교 4학년 때인 2003년 11월. 운 좋게 제주지역 신문사 기자가 되었다. 대학 신문사에서 학생기자와 편집장을 했던 이력이 인정됐다.

학생기자를 했던 시간이 너무 행복했다. 졸업하고 당연히 해야 할 일은 '기자'였다. 기자 외에 다른 직업을 생각하지 않았다. "평생 기자를 하겠다." 다짐했다.

수습기자와 내근을 거쳐 경찰을 출입하는 사회부 기자가 되었다. 힘들지만 보람이 있었다. 선배 기자들도 잘 챙겨줬다. 실수도 따뜻하게 감싸줬다. 지금도 참 고맙다.

너무 순탄했을까. 기자의 길을 의심하는 사건을 맞았다. 어느 날 한 초등학교에서 긴급 사안이 발생했다.

　　학생이 학교 건물에서 뛰어내리려 한다는 거다. 서둘러 현장에 갔다. 다행히 금방 구조되어 아이는 무사했다. 현장에서는 아이가 남긴 쪽지가 발견되었다. 선배들 때문에 힘들다는 내용이었다.

　　솔직히 기사를 쓰기 싫었다. 그때 '언론 보도의 쓸모'를 생각했다. 이전까지는 그런 생각을 하지 못했다. 취재가 끝나면 당연히 기사로 남겼다.

　　사건이 일어난 초등학교에서 삶의 초점이 흔들리기 시작했다. 사건을 보도해서 얻는 공적 의미가 있을까? 계속 고민했다. 그래도 써야 했다. 데스크 지시를 거스를 수 없었다. 겨우 가십 기사 정도로 짧게 다뤘다.

　　다음 날, 다른 언론사 기사를 살폈다. 어느 기자는 '자살 기도 소동'이라고 했다. 나는 '자살 소동'이라 규정했다. 지금도 그 아이에게 미안하다. '자살 소동'의 정의가 과했다.

　　문제는 아이가 남긴 글의 정체에서 터졌다. 어느 기자는 '유서를 남겼다.'고 했다. 유서? 지금도 그게 유서였는지 잘 모르겠다. 솔직히 유서로 인정하기 싫었다. 유서라면 아이는 정말 자살을 시도한 것이 되어버린다. 아이에게 너무 가혹한 주홍글씨를 씌우는 것 같았다.

난 유서가 아닌 '쪽지'라고 썼다. 지금도 그 규정이 맞다고 본다. 선배들의 생각은 달랐다. 많은 꾸중을 들었다.

왜 유서가 아니냐는 거다. 자살을 시도하면 유서를 남기는 공식을 의심 없이 받아들이라는 묵시적 요구 같았다.

그때도, 지금도 동의하지 않는다. 섣부른 '자살' 보도가 아이를 '타살'할 수 있다는 믿음은 지금도 변함없다. 그 소동 이후에도 보도의 쓸모를 쉽게 해결하지 못했다. 기자의 길도 의심하기 시작했다. 다음 해 초, 기자를 그만뒀다.

돌아보면 아이가 남긴 글은 유서도, 쪽지도 아니었다. 어른들과 사회에 남긴 '질문'이었다. 답변이 얼마나 간절했으면 건물 옥상까지 올라가 자신의 질문을 들어달라 호소했을까.

마음에 품은 질문을 따뜻하게 들어줬다면, 아이가 헤아릴 수 있도록 눈을 맞춰 답을 해줬다면, 아이는 어떤 선택을 했을까. 적어도 생명을 담보한 위험한 선택까진 하지 않았을 것이다.

시간이 훌쩍 흘러 제주도교육청에서 일할 때다. 제주영어교육도시에 있는 어느 국제학교를 방문하게 되었다. 기회가 닿아 수업을 마친 선생님과 대화를 나누게 되었다.

무슨 주제로 수업했느냐 물었다. 조세희의 소설 《난장이가 쏘아 올린 작은 공》을 함께 읽고 다양한 의견을 나눴다는 답이 돌아왔다.

문화 충격을 받았다. 국제학교가 아니라 보통의 고등학교 수업이었다면 어땠을까. 교과서나 문제 풀이집이 아닌《난장이가 쏘아 올린 작은 공》이 책상 위에 올려진 광경을 학부모들이 흔쾌히 용납했을까. '입시에 도움이 되나.' 하는 불안감과 의심이 엄습하지 않았을까.

잘 알려졌듯이 소설은 1970년대 한국 사회 도시 빈민의 비참한 삶을 사실적으로 그리면서 자본주의 구조적 모순을 비판한다. 학생들과 소설을 읽고 다양한 의견을 나누었다면, 추측건대 자본주의와 불평등, 빈민의 문제를 정치적으로 분석, 비판했을 것이다.

대화를 마치고 학교 로비로 이동했다. 로비 기둥에 쪽지가 잔뜩 붙어 있었다. 쪽지에는 아이들의 다양한 생각이 적혀 있었다.

자세히 보니 '성 소수자'에 대한 생각들이 쓰여 있었다. "널 응원해.", "너의 정체성과 사랑을 지지해." 등이 보였다. 더 놀라운 문화 충격에 휩싸였다.

이 수업이 한국 공교육, 특히 입시를 준비하는 고등학교에서 과연 가능할까. 자본주의와 불평등의 문제에 대해 학생들의 다양한 정치적 질문을 듣는 시간과 공간을 우리 사회는 허락할까?

만약 '3·1운동'에 맞춰 '우리 삶의 친일 잔재 문화'에 대해 교실에서 자유롭게 토론하는 것을 허용할까? 더 예민한 주제, 국제학교처럼 수업에서 '성 소수자'에 대한 다양한 생각을 듣는 것을 받아들일 수 있을까? 반응은 충분히 예상할 수 있다. 부정적일 것이고 거센 반발이 따를 것이다.

사람은 '질문'하며 성장한다. 아이를 키운 경험이 있다면 공감할 것이다. 아이들은 말이 트이면 궁금한 것들을 쉴 새 없이 쏟아낸다. 건강한 성장의 기쁜 증거다.

어른들은 최선을 다해 질문에 답하려 한다. 아이가 이해할 수 있도록 답변의 눈높이를 맞추면서. 아이들은 질문하고 답을 얻으며, 자신이 알고 있는 세상의 영역을 조금씩 넓힌다.

새로운 세상에서 새로운 사람들을 만나며 자아를 발견하고 사회성을 채운다. 낯선 삶의 길에서 넘어지고 부딪히고 다시 일어나면서 자신이 걸어갈 길을 뚜렷하게 새긴다.

질문은 경계가 없다. 아이들은 무엇이든 질문한다. 가끔 어른들의 말문을 막히게 하는 질문도 거침없이 한다. 학교에서 다양한 지식과 경험을 쌓고, 다른 아이들과 감정을 교류하는 사이 질문의 경계는 더욱 확대된다.

그렇게 아이들은 '민주시민'으로 자란다. 하지만 어느 지점에서 질문이 멈춘다. 입시와 학력 경쟁의 장에 진입하면 생기 넘치는 질문의 기세가 힘을 잃기 시작한다.

민주시민 성장의 폭도 줄어들거나 일시 정지한다. 앞으로 살아갈 세상에 대한 무수한 질문을 남긴 채, 아이들은 더 좋은 대학에 가기 위한 경쟁의 행렬에 몰두한다.

'중립'을 이유로 '정치 회피'하는 현실

그 행렬의 중심에 '교사'가 있다. 국가와 교육청이 내려보낸 교육과정과 행정 업무를 소화하기에도 하루하루가 버겁다. 아이들을 둘러싸고 벌어지는 각종 문제들을 해결해야 하는 무거운 책임을 짊어지고 있다.

아이들과 마찬가지로 교사들도 스스로 질문하고 답을 찾을 여유와 시간이 없다. 여유가 있더라도 교사들은 사회 변화와 교육 문제에 대해 자신을 드러내 '발언'하고 '질문'하는 데 근본적인 부담을 갖는다. 자유로운 정치적 사고와 성찰, 표현을 통제하는 제도적 장치, '정치적 중립성'에 묶여 있기 때문이다.

공립 유·초·중등학교 교사는 국가가 인증한 전문성과 권위를 행사하며 아이들의 성장을 평가·관리한다. 교사의 권위를 인증하는 자격 고사는 '교육공무원 임용후보자 선정 경쟁시험'이다.

시험에 합격하면 교사는 교육 공무원의 자격을 갖는다. 그 자격을 유지하기 위해서는 국가가 부여한 '정치 중립 의무'를 지켜야 한다.

'정치적 중립성'은 정권이 교사들을 관리·통제하는 지배 양식이다. '정치적 중립성'의 정의는 모호하다. 법부터가 중립성을 두 가지로 정의해 혼란을 초래한다.

첫 번째는 '교육의 중립성'이다. 교사는 신념을 가질 수 있지만 수업에서는 특정 신념에 치우치지 않도록 균형 있게 가르쳐야 한다. 이는 〈교육기본법〉에서 규정한다. 제6조 1항은 "교육은 교육 본래의 목적에 따라 그 기능을 다하도록 운영되어야 하며, 정치적·파당적 또는 개인적 편견을 전파하기 위한 방편으로 이용되어서는 아니 된다."고 하고 있다.

두 번째는 '공무원 정치 중립'이다. 〈국가공무원법〉 제65조 1항은 "공무원은 정당이나 그 밖의 정치단체의 결성에 관여하거나 이에 가입할 수 없다."고 한다. 현직 교사는 정당 가입 활동과 선거 출마가 제한되어 있다. 국가공무원법을 적용하면 교사의 특정 정치 발언과 행동은 위법이 된다.

《교사에게 강요된 침묵: 정치적 중립의 역설》을 쓴 설진성은 "수업 중에 발생한 사안은 교육기본법을 판단 기준으로 삼는 것이 적합하다."고 주장한다. 국가공무원법이 말하는 것은 정치 선동 행위에 해당하는 사례이기 때문에 수업 중에 대놓고 특정 정당을 지지하거나 헐뜯지 않은 이상 정치운동으로 볼 가능성이 적다는 것이다.

'중립성'의 두 정의는 서로 반대되는 입장과 목적을 갖고 있어서 공론장에서 수시로 충돌하였다. 한국사회가 민주화되면서 '정치적 중립성'은 본격 쟁점화되었다.

민주화 이후 교사의 현실에 대한 성찰이 일어났다. 이는 정치적 중립성을 규정하는 정치·사회적 구조에 대한 저항으로 확장되었다.

저항은 '정치적 중립성'에 대한 쟁점의 장은 만들었다. 하지만 '정치적 중립성'을 새롭게 구성하는 데까지는 나아가지 못하였다. 그사이 한국 사회에서는 양극화와 다문화, 인권 침해, 학교 폭력, 인공지능 기술 발전 등의 문제들이 발현되었다. 이는 교실과 아이들을 만나 다양한 교육 문제들로 확장되고 있다.

이 문제들은 모두 '정치적'이다. 시민사회와 연대하면서 해결의 물꼬를 만들어야 한다. 다양한 문제와 정치 성향을 가진 아이들을 포용하는 '관용'을 갖춰야 한다.

이것이 가능하려면 교사가 정치로부터 자유로운 '정치 주체'가 되어야 한다. 국가가 규정한 오랜 '정치 중립'의 틀에서는 실현이 불가능하다.

민주사회에는 '정치적 다원성'이 공존한다. 개인의 생각과 가치관, 신념을 존중하는 가운데 민주적 소통과 토론을 통해 함께 실현해야 할 '공동선'을 합의한다.

존중과 토론, 합의의 과정을 이끄는 중심축이 '질문'이다. 내가 정의하는 정치란 '질문'이다. 자신의 정치적 입장으로 사회 제도와 문제를 비판·성찰하지 못하면 '질문'은 떠오르지 않는다.

서로의 질문이 치열하게 만나고 소통하는 과정, 답을 함께 찾으면서 합의를 이루는 과정을 경험할 때, 스스로가 정치 주체, '민주 시민'으로 살아가고 있음을 확인한다.

한국 사회, 특히 한국 교육의 가장 큰 문제 중 하나는 '질문이 없다'는 것이다. 교사와 학생들이 정치에서 자유롭지 못하기 때문이다.

교사들은 '정치 중립'을 이유로 정치를 '회피'하는 것에 익숙하다. 정치를 회피할수록 정치에 대한 냉소, 두려움이 더 커진다. 정치적 쟁점이 담긴 다양한 사회 문제, 변화에 대한 질문이 실종되는 것이 당연하다.

이는 진정한 '정치 중립'이 아니다. 공교육은 다양한 정치적 가치들이 충돌하고 경쟁할 때, 어느 편을 들지 않거나 초월하는 '중립 원칙'을 지녀야 한다.

정치에 무관심하라는 이야기가 아니다. 오히려 정치적 다원성을 경험하면서, 적극적으로 입장을 이해하고 통합·중재해야 한다.

철학자 한나 아렌트(Hannah Arendt)는 《인간의 조건》에서 인간이 인간적으로 행복하게 살아나가는 방식을 '활동하는 삶(vita activa)'으로 요약하였다.

오랜 서구 문명의 역사적 경험 속에서 그려진 인간 삶의 이상적인 모습은 '세 가지의 활동'을 얼마나 만족스럽게 할 수 있는가로 규정된다.

첫째, 인간은 스스로 육체적 생존을 위한 경제활동(labor)을 할 수 있어야 한다. 둘째, 인간은 자신의 의지와 느낌과 욕망을 외부 세계에 실현하여 변형의 산물을 창조하는 문화활동(work)을 할 수 있어야 한다.

세 번째가 '정치활동(action)'이다. 인간은 정치 활동을 통해 다른 인간들과 직접 관계를 맺을 수 있어야 한다.

국가가 규정한 '정치 중립'은 세월호 참사 이후 공론장에서 본격 비판과 성찰, 재구성이 이루어지고 있다. 권순영과 전일균은 논문 〈'세월호 사건'으로 본 교사상에 대한 고찰〉에서 "교사는 스스로도 반대의 자유를 누리고 학생들에게도 반대의 자유를 누리게 해야 한다. 그것이 가르치는 역할, 사유의 역할을 하는 교사로 들어가는 문이다."라고 주장하였다.

강민정은 논문 〈학교민주시민교육과 교육청의 역할〉에서 "교육의 중립성은 교육의 과정에서 교사 개인의 정치적 신념을 주입하지 않는 것으로 한정되어야 한다. 집단적 의사표현, 정당활동, 선거운동과 출마 등이 법적으로 금지되어 있는 현실은 교사들에게 무의식적 자기검열을 내면화하게 만든다. 민주주의의 최고 단계는 정치로 수렴되며 정치는 민주주의의 핵심 영역"이라고 하였다.

'정치 중립'의 진짜 의미와 가치를 교사들에게 돌려줘야 한다. 다양한 정치 경험과 성찰, 사유를 통해 교사들도 민주시민으로 성장할 수 있어야 한다.

그래야 교실과 아이들로부터 나타나는 다양한 문제와 요구들을 민주적으로 포용할 수 있다. 주체성을 갖고 다양한 정치적 입장을 통합·중재하면서 아이들과 함께 실현할 공동선을 합의할 수 있다.

'정치 중립'의
진짜 모습

① 반공주의

'반공 교육' 모범생으로 인정받다

1986년, 지금은 초등학교인 '국민학교'에 입학했다. '즐거운 생활' 수업 시간이었던 걸로 어렴풋이 기억한다. 수업이 끝날 즈음, 선생님이 교과서에 실린 사진 하나를 보여주었다. 중요한 인물처럼 보이는 남자 어른의 사진이 시야를 채웠다.

"누구인지 아는 사람?" 선생님의 물음이 끝나자마자 내가 손을 들었다. "전두환 각하이십니다." 선생님과 아이들 모두 놀란 눈으로 나를 쳐다봤다.

선생님도 설마 하며 물었던 것 같다. 1학년 아이에게서 전두환도 아니고, 가장 권력적 용어인 '전두환 각하'라는 이름이 나왔으니. 내 답을 듣고 선생님은 "대단하다!"라고 감탄했다.

또래 아이들이 모르는 지식을 뽐낸 것이 너무나 기뻤다. 사실은 특별한 일이 아니었다. 나는 어릴 때부터 TV를 끼고 살았다. TV 보는 것을 너무 좋아해 뉴스, 예능, 스포츠, 드라마, 영화에 나오는 인물과 사건, 이미지들을 거침없이 빨아들였다.

'전두환 각하'는 너무 익숙하고 친숙한 이름이었다. 교과서에서 아는 사람을 만나니 반가웠다. 아마 선생님이 묻지 않았어도 내가 먼저 손을 들어 "전두환 각하입니다."라고 외쳤을 것이다. 너무나 설렌 표정으로.

그 일화가 학교에서 화제가 됐는지 몰라도 초등학교 내내 선생님들의 칭찬과 배려 속에서 자랐다. 반장과 학생회장 등 간부를 도맡았다. 그야말로 '반공 교육' 최고 모범생으로 인정받은, 재밌으면서 씁쓸한 추억이다.

태극기와 무궁화 그리기, 애국가 부르기, 웅변대회 등 반공 의식을 주입하는 교육 행사들도 참 많았다. 나는 그 기회에서도 남다른 능력을 보였다.

어릴 때부터 TV 속 무대를 동경하며 살았으니 노래와 그림, 웅변으로 나를 드러내는 자리가 얼마나 설레고 좋았겠는가. 상을 끊임없이 받았고 선생님들의 인정이 마르지 않고 흘렀다. 반공 교육의 추억이 있는 이들이라면 모두 공감할 것이다.

시간이 흘러 사춘기에 접어드니 나라 걱정보다 나에 대한 걱정이 더 커졌다. 나의 존재와 삶의 이유에 대한 물음이 꼬리를 물고 이어졌다. 어떻게든 납득할 만한 답을 찾기 위해 몸부림쳤다. 책을 읽고 영화를 보고, 밤새 라디오를 들으며 고민하는 일이 일상을 채웠다.

그럴수록 나에 대한 각성이 커졌다. 반공 교육에 가려진 '국가 중심 통치 이념'의 실체도 구체적으로 다가왔다. 반공 교육에 대한 성찰과 저항 감정이 돋아났다.

한국 교육을 떠받치는 가장 큰 사상의 기둥이 '반공주의'임을 확인했다. 내가 학창 시절 때 접하고 경험한 정치적 가치가 고작 '반공주의'밖에 없었다는 것이 너무나 슬프고 분했다.

더 슬픈 건, 반공주의 교육이 '추억'으로 박제되지 않았다는 것이다. 다양한 과정과 내용으로 변형되어 지금까지 이어지고 있다. 학생들이 사회 문제에 대해 공개 발언하는 것을 큰일 난 것처럼 놀라며 서둘러 통제하는 광경을 지금도 보고 있으니.

'정치 중립'의 역사를 거슬러 올라가면 '반공주의'라는 원형을 만난다. 반공주의에 벗어난 교육을 시도하는 교사는 정부로부터 처벌받았다. 정치 중립 의무는 반공주의를 지키라는 권력의 강력한 명령이었다.

1948년 해방 후 한국 공교육은 중앙 정부의 강력한 통제 속에

놓이게 되었다. 권력을 유지하는 수단으로 교육은 매우 중요한 위치를 차지했다. 이는 역설적인 현상도 만들었다. 의무교육 제도를 실시하여 교육의 평등권을 확대한 기반이 되기도 하였다.

한국은 유럽 공교육 역사와 다른 길을 걸었다. 18세기 이후 유럽의 공교육은 인간의 자유와 평등을 구현하기 위한 방향으로 뿌리내렸다. 인간다운 삶을 살기 위하여 모든 인간이 자유롭고 평등하게 교육받아야 한다는 열망이 공교육에 담겼다.

반면 한국은 공교육 본질에 대한 깊은 사유와 성찰이 없었다. 시민사회와 협력·연대하는 과정도 없었다. 중앙 권력에 의해 서양의 교육 제도가 타율적으로 이식되었다. 중앙이 모든 공교육 과정을 통제하는 구조가 만들어지는 것이 당연했다.

교사들의 정치 중립은 사물과 현상을 자유롭게 바라보며 진실을 찾는 '가치 자유'와 달랐다. 권력이 요구하는 것을 그대로 수행해야 했다. 사실상 '강제적 복무'였다. 공교육 제도와 교육과정에 대한 논리적 접근과 비판적 성찰이 불가능한 구조였다.

해방 이후 한국 사회 통치 전략은 '반공주의'였다. 권력을 강화하고 분단국가를 고착화하기 위하여 반공주의를 국가 이념으로 삼았다. 학교는 반공주의를 유지, 강화하는 대표 수단이 되었다.

반공 교육은 한국전쟁 직후부터 급격히 확대되었다. 지금은 교육부인 1952년 문교부는 "우리는 강철같이 단결하여 공산 침략자

를 쳐부수자."라는 항목을 포함한 '우리의 맹세'를 제정하여 발표
하였다.

이런 방침은 교육과정에도 적용되었다. 제1차 교육과정에는 반
공주의 교육 방침이 체계적으로 담겼다.

제1차 교육과정 〈고등학교 및 사범학교 교과과정〉의 제2장 '본
과정 제정의 기본 태도'를 보자.

"이 교육 과정은 우리나라 특성에 비추어 특히 요청되는 반공
교육, 도의 교육, 실업 교육 등이 강조되어 있으며, 각 지역 특색을
살리도록 유의하였다."고 하고 있다. '고등학교 일반 사회의 교육
목표'는 아래와 같이 요구하고 있다.

오늘과 같이 민주, 공산 양 진영이 필사적으로 투쟁하고 있는 이 시기
에 있어서는 반공 사상을 철저히 하며 국제 정세를 올바르게 파악하여
우리 국민의 취할 바 태도를 분명히 하는 것은 고등학교 일반 사회에서
담당할 필요 불가결한 목표라고 하여야 할 것임은 더 말할 나위도 없는
일이다.

낡은 반공 교육의 질긴 여파: 4·3 왜곡 현수막

교사는 반공주의 교육을 정당화하고 뿌리내린 중심 주체가 되었다. 교사들의 노력에 따라 반공주의는 '지식'이 되었다.

반공주의 지식을 많이 쌓은 학생은 인재로 인정받았다. 모범생임을 자랑스러워했던 나의 유년 시절처럼. 인재들은 한국 사회를 이끄는 정치 주체, 즉 '반공주의 주체'가 된다.

교육을 강화하고 인재를 키울수록 권력도 강화된다. 반공 교육은 권력을 더욱 깊게 뿌리내리게 하는 핵심 동력이 되었다.

교사들이 국가의 요구에 순순히 따르기만 했을 리가 없다. 지식-권력 관계는 명분만 있다고 가동되지 않는다. 교사들을 강제로 움직이게 하는 '외부의 힘'이 동반되어야 한다.

국가의 명령을 거스르는 자에게는 '감시-처벌 체계'가 작동되었다. 이를 통해 교사들의 저항을 약화시켰다. 교사들의 순응 속에 지식-권력 체계가 작동되고, 권력이 원하는 질서가 만들어질 수 있었다.

감시-처벌 체계의 대표적 제도로 교원들의 정치 참여 활동 금지를 규정한 〈교육공무원법〉이 있다. 1953년 4월 18일 제정, 시행되었다. 당시 제27조는 "교원은 정치운동에 참여하지 못하며 어느 정당을 지지하거나 배격하기 위하여 학생을 지도 혹은 선동하여서는 아니된다."고 명시했다.

46조는 "본법 시행 당시에 정치단체에 적을 둔 교육공무원은 본법 시행일로부터 20일 이내에 그 단체로부터 탈퇴하지 않는 한 해임시켜야 한다."고 하면서 사실상 교사의 정치적 자유를 국가가 통제하였다.

군사 쿠데타로 권력을 잡은 군부 및 신군부 정권은 교육을 더욱 노골적으로 활용하였다. 권력의 정통성을 인정받고, 분단국가 체제를 공고히 하기 위하여 국민을 국가와 '일체화(一體化)'하는 데 힘을 쏟았다.

이승만 정권이 해왔던 교육을 그대로 수용, 확대하였다. 민족의식·국가의식·반공의식을 유지하거나 강화하는 방향으로 교육의 기조를 잡았다. 당시 통치 전략을 대표적으로 보여주는 상징이 박정희 정권이 1968년 12월 5일 발표한 〈국민교육헌장〉이다.

헌장은 '국가주의', '민족주의', '반공주의'를 정확히 반영하고 있다. 〈국민교육헌장〉은 모든 학교에 전파, 적용되면서 교육의 기본 틀로 자리하였다. 전문은 다음과 같다.

〈국민 교육 헌장〉

우리는 민족중흥의 역사적 사명을 띠고 이 땅에 태어났다. 조상의 빛난 얼을 오늘에 되살려, 안으로 자주독립의 자세를 확립하고, 밖으로 인류

공영에 이바지할 때다. 이에, 우리의 나아갈 바를 밝혀 교육의 지표로 삼는다.

성실한 마음과 튼튼한 몸으로, 학문과 기술을 배우고 익히며, 타고난 저마다의 소질을 계발하고, 우리의 처지를 약진의 발판으로 삼아, 창조의 힘과 개척의 정신을 기른다. 공익과 질서를 앞세우며 능률과 실질을 숭상하고, 경애와 신의에 뿌리박은 상부상조의 전통을 이어받아, 명랑하고 따뜻한 협동 정신을 북돋운다. 우리의 창의와 협력을 바탕으로 나라가 발전하며, 나라의 융성이 나의 발전의 근본임을 깨달아, 자유와 권리에 따르는 책임과 의무를 다하며, 스스로 국가 건설에 참여하고 봉사하는 국민 정신을 드높인다.

반공 민주 정신에 투철한 애국 애족이 우리의 삶의 길이며, 자유 세계의 이상을 실현하는 기반이다. 길이 후손에 물려줄 영광된 통일 조국의 앞날을 내다보며, 신념과 긍지를 지닌 근면한 국민으로서, 민족의 슬기를 모아 줄기찬 노력으로, 새 역사를 창조하자.

헌장이 발표된 1968년은 교련이 고등학교 필수 과목으로 지정된 시기이다. 이는 헌장이 '병영 국가'를 건설하기 위한 이론적 바탕이 되었음을 알 수 있다. 박정희 정권은 국민-국가 일체화 과정 위에 유신 체제를 구축하였다.

"라떼는 말이야."를 앞세우며 학창 시절에 〈국민교육헌장〉을 달달 외웠다, 군복 입고 총 들고 교련을 했다는 과거 세대의 향수 어린 회고를 종종 들을 수 있다. 그만큼 헌장과 교련은 시대를 풍미한(?) 반공 교육의 대표 상징이다.

1980~90년대 학교를 다닌 나는 헌장까진 외우지 않았다. 교련 과목도 끝물이었다. 군사 훈련을 받지 않았다. 그나마 다행이라고 생각하고 있다.

〈국민교육헌장〉은 김영삼 정권까지 이어졌다. 1993년까지 헌장 이념의 구현을 다짐하는 기념식이 열렸다. 1994년부터 기념식 행사는 열리지 않았고, 이후 초·중·고등학교 교과서에서 국민교육헌장이 삭제되었다.

낡은 '반공주의', '반공 교육'의 질긴 여파는 2023년 제주에까지 이어지고 있다. '제75주년 제주4·3추념식'을 앞둔 3월 말, 제주도내 80여 곳에 극우 정당들이 4·3 왜곡 현수막을 걸었다. "제주4·3사건은 대한민국 건국을 반대하며 김일성과 남로당이 일으킨 공산폭동이다!"라는 내용이 주요 거리를 장악했다.

정부가 2003년 펴낸 《제주4·3사건 진상조사보고서》는 4·3에 대해 "1947년 3월 1일을 기점으로 1948년 4월 3일에 발생한 소요 사태 및 1954년 9월 21일까지 제주에서 발생한 무력충돌과 진압 과정에서 주민들이 희생된 사건"이라 정의하고 있다. '북한의 지령'이나 '공산폭동' 근거는 전혀 찾을 수 없다.

추념식 또한 정부 주최로 봉행되는 '국가 행사'다. 4·3특별법 개정으로 4·3수형인에 대한 명예회복이 이뤄지고 있다. 국내외 시민들이 4·3을 기억하며 동백꽃 배지를 다는 것이 자연스런 일상이 됐다. "4·3은 대한민국의 역사입니다."라고 말할 수 있는 이유가 여기에 있다.

그럼에도 '반공주의'는 기어코 4·3을 이념의 색깔로 덧칠하고자 한다. 그들이 바라는 기대효과에 대해서는 별로 관심이 없다. 시대적 소멸을 앞둔 낡은 색깔론의 처절한 몸부림에 불과하다.

아이들의 생각과 교실의 풍경이 무척 궁금하다. 아이들도 등·하교하며 현수막을 봤을 것이다. 진실이 뭔지 교사에게 질문했을지 모른다. 몇 아이들은 현수막 내용에 동의한다고 말했을지 모른다.

그때 교사들은 무슨 이야기를 해야 할까? 북한 지령, 남로당, 공산폭동 등 정치적 용어를 언급하며 4·3진상보고서 내용을 분명히 전달할 수 있을까? 아이들의 왜곡된 정치적 입장을 바로잡을 수 있을까?

그러려면 교사들이 정치에서 자유로워야 한다. 그러나 쉽지 않다. 반공주의가 그은 '정치 중립'의 경계선을 넘기가 너무나 불안하고 두렵기 때문이다.

② '시장 인간' 육성

'야간 자율학습' 부활을 만나는 슬픔

교육청에서 일할 때 첨예한 논란이 된 사안들이 몇 개 있었다. 재밌는 건, 논란들이 예전에 경험한 것처럼 느껴지는, 데자뷰(Deja-vu) 같았다는 것이다.

이전에 없었던, 새로운 정책을 추진하며 생기는 논란이면 환영할 일이다. 하지만 2010년대를 지나 2023년이 되어서도, 1980년대에 했던 해묵은 논쟁을 반복하고 있다. 과거로 돌아가는 기계, '타임머신'을 우리말로 의역하면 '교육'이라고 해도 맞지 않을까 싶다.

대표적으로 '야간 자율학습 논란'이다. 1981년 11월 13일자《조선일보》기사를 보자.

〈변칙적 보충수업 '자율학습'〉

대입학력고사를 12일 앞둔 서울 A여고 3학년 교실들.

야간학교들도 수업이 끝났을 시간인 밤 10시까지 교실마다 불을 환히 밝힌 채 3학년들이 막바지 공부에 피치를 올리고 있다.

… 암기과목인 「인문지리」 교과서를 펴놓고 있던 이모양은 『교실분위기가 깨어질까봐 모르는 부분이 있어도 옆친구에게 물어보지 않아요. 모르는 문제는 모아두었다가 다음날 선생님에게 질문하고 있습니다』라고 했다.

교사는 교실에 들어오지 않고 복도를 오가며 분위기가 소란스러운 교실에 들어가 주의를 주는 정도의 감독만 한다. 이른바 「자율학습」의 밤 풍경이다.

… 모든 고등학교가 방과후 학생들이 학교에 남아 공부하는 자율학습 제도를 도입하고 있지만 그것은 어디까지나 학생 스스로 공부하는 「자율적」학습이라는 취지 때문에 수업시간과는 다르다.

교사가 교실에서 강의를 하거나 학생들의 질문에 응답하는 것이 금지돼 있기 때문이다.

…『공부하고 싶지 않은 학생에게는 고역입니다. 「권장」이 아니라 사실상 「강요」나 마찬가지거든요. 그런 학생들은 반발심을 일으켜 오히려 학습 의욕이 떨어질 수도 있습니다.』 같은 학교 3학년 김모양의 말이다.

그로부터 35년이 지난 2017년, 제주에서도 야간 자율학습 논란이 재현된다. 2017년 4월 13일 제주특별자치도의회 교육행정질문, 이경용 제주도의원과 이석문 제주도교육감의 질의응답 장면이다.

○ 이경용 도의원(이하 이경용) 야간 자율학습의 문제가 상당히 첨예하게 대립하고 있는데, 교육감님이 생각하시기에 자율의 의미는 무엇이라고 보십니까?

○ 이석문 교육감(이하 이석문) 자율의 의미는 우리 구성원들 당사자가 스스로 결정할 수 있도록 권한과 책임을 주는 게 맞습니다.

○ 이경용 지금 현재 야간 자율학습이 자율인가요, 아니면 강제인가요?

○ 이석문 이렇게 질문할 정도면 과거의 관행에서 다 못 벗어났구나…. 왜 그러냐 하면 대학입시도 바뀌었고, 그런데 과거 정시 중심으로 있었던 학교 시스템이 지속적으로 된다면 이것 또한 문제겠다.

○ 이경용 세계에서 야간 자율학습을 강제하는 나라가 세 나라 있습니다. 우선 우리 대한민국이고, 두 번째? 중국 그 다음 대만. 이 세 나라가 있고요.

홍콩, 영국, 캐나다, 호주, 야간 자율학습제를 강제하게 되면 어떻게 되는 줄 아십니까? 아동학대죄로 형사 처벌이 됩니다.

○ 이석문 전적으로 동의합니다…. 자율학습이 어떤 면에서 다시 강제

되고 있다면 그것만큼은 끝까지 그러지 않도록 하겠습니다. 아이들 스스로 할 수 있는 방향으로 지속적으로 하겠습니다.

야간 자율학습의 부활과 논란은 2023년에 와서도 반복된다. 2023년 3월 13일자 《강원도민일보》 기사 일부다.

〈고등학교 '야자' 부활〉

강원도내 고교에 '야자(야간자율학습)'가 부활한다. 진보 성향의 민병희 전 교육감 체제에서 '야자'는 서열화 교육의 상징으로 여겨졌지만 학력 신장을 전면에 내세운 신경호 교육이 이를 적극 독려하면서 도내 고교 에서도 새학기부터 '야자'를 본격적으로 시행한다.

… 교원단체의 입장은 엇갈리고 있다. 조영국 전교조 강원지부 정책실 장은 "도교육청은 사회문화적 맥락에 따라 발생한 강원학생 기초학력 문제의 책임을 교사와 학생 개인에게 전가하고 있다. 이는 결국 공교육 에 대한 신뢰를 떨어뜨릴 것"이라며 우려했다.

… 배성제 강원교총 회장은 "도교육청의 이번 정책은 학력 신장과 사교 육비 부담 해소에 있어 중요한 의미를 가진다"고 했고, 손민정 강원교 사노조 위원장은 "강원도 기초학력이 떨어진 것은 사실"이라며 "교사의 자율적 의사를 존중하는 내에서의 학력신장 정책에는 긍정적"이라 밝 혔다.

야간 자율학습(야자) 논란의 중심에 '학력'이 있다. 아이들의 학력이 떨어지니 끌어올리기 위해 '야자'가 필요하다는 논리다. 한국 사회에서 '학력'은 '자본'의 축적, '계급'의 재생산과 직결된다.

여기서 분명히 확인할 수 있다. 한국 사회가 교육에 바라는 정치적 지향점이란, '자본주의'다. 자본주의 시장에서 이윤을 창출할 수 있는 '시장 인간'을 키우라는 강령이 교실과 교사를 지배한다.

반공주의와 함께 자본주의가 '정치 중립'을 둘러싼 견고한 장벽이 된다. 교사가 자본주의에 어긋나는, 학력을 높이는 것과 상관없는 교육을 하면 어떻게 될까? '정치 중립' 의무를 지키지 못한 것이 되고 처벌을 각오해야 한다.

자본주의 시장 사회는 1960~70년대 이후부터 전국으로 확고히 뿌리내린다. 이때부터 '경제주의적 시장 인간'이 본격 육성되기 시작한다. 60년대 이후 시장 사회의 형성과 시장 인간 육성의 핵심 담론은 '수출증대', '경제성장', '국민소득증대'였다. 담론은 교육기관을 통해 적극 확산되었다.

박정희 정권의 국정 핵심 기조는 '경제 성장'이었다. '경제개발 5개년 계획' 등 생산 증강과 수출 진흥 정책에 초점을 맞춰 국가의 부(富)를 끌어 모으는 데 주력하였다.

교과서가 온통 '시장 인간 육성' 요구

'시장 인간'을 쉽게 정의하면 자유로운 정치 활동을 하는 인간이 아닌, 자본주의 시장 논리에 종속된 인간이다. 돌이켜보니 내 학창 시절은 언제나 시장 인간의 가능성을 보이느냐, 보이지 못하느냐의 기로였다. 교과서에는 온통 '시장 인간 육성' 논리와 요구가 가득했으니.

시험 문제 외의 질문은 사실상 금기된 엄혹한 시기였다. 1981년 야간 자율학습 기사에서도 확인하지 않았던가. "교실분위기가 깨어질까봐 모르는 부분이 있어도 옆친구에게 물어보지 않아요.", "교사가 교실에서 강의를 하거나 학생들의 질문에 응답하는 것이 금지돼 있다."

시장 인간 육성 과정은 박정희 정권의 대표 정책인 '새마을 운동'으로 확장되었다. 새마을 운동이 본격 추진되는 1972년에 '새마을 교육'이 대두되었다.

새마을 교육 과정에서 '생산 교육'이 이루어졌다. 학교와 교사는 '성장 담론'을 확산하는 것에서 나아가 스스로 생산 활동에 참여해 소득을 중대해야 하는 역할까지 맡게 되었다. 교사들은 자발적으로 '시장 인간'이 되어야 했다.

5·18과 12·12 군사 쿠데타로 집권한 신군부 정권은 자유경제 체

제에 바탕을 둔 '복지사회 건설'의 기치를 내세웠다. 목적 달성을 위하여 전두환 대통령은 교육 혁신을 통한 '국민정신 개조론'을 제시한다.

이 시기 만들어진 교육 과정은 '경제 성장'의 요구를 충실히 반영하고 있다. 국민만이 아니라 학생 한 명, 한 명도 국가의 요구에 따라 이윤을 늘리는 데 역량과 헌신을 다해야 했다. 제2차 교육과정 시기 1963년에 발표된 〈고등학교 교육과정〉 총론은 '생산성의 강조'를 명시했다.

더욱이, 오늘날 모든 국민이 당면하고 있는 중요 과제가 국민 경제의 조속한 재건에 있으므로, 앞으로의 교육 과정에 있어서는 생산성이 강조되지 않을 수 없다. 모든 교과 학습과 교과 외 학습 활동에 있어서도 이 생산성이 강조되어야 하겠지마는, 특히 일진월보하는 현대 과학 기술의 습득과 실업 및 직업 교육을 획기적으로 개선하는 데 필요한 학습 경험을 충분히 계획하여야 한다.

전두환 정권에서는 '시장 경제'의 담론을 앞세워 교육 과정을 재편하였다. 시장 경제 발전은 '복지사회 건설'과 연계된다는 점을 강조하여 일상생활에서부터 효율적이고 합리적인 경제 생활을 요구하였다.

제4차 교육과정 시기 1981년에 발표된 〈고등학교 교육과정〉의 '사회 I' 목표에는 "시장 경제의 원리를 중심으로 한 경제 현상 및 우리나라 경제의 현실과 과제를 이해시켜 합리적인 경제생활을 영위할 수 있는 능력을 갖추게 한다. 합리적인 생활 자세와 협동적인 인간관계를 통하여, 사회와 국가의 발전에 이바지하고 더 나은 미래 사회를 건설하려는 태도를 가지게 한다."고 나와 있다.

교육과정을 반영한 중·고등학교 교과서는 '경제 성장 담론'을 확산·정당화하는 핵심 매체였다. 고등학교용 사회과 교과서인 《경제와 사회》나 《정치·경제》를 보면, 1960년대 이후에는 경제 성장을 통해 국민소득을 증대해야만 한다고 강조하기 시작하였다.

1964년 일조각에서 펴낸 《경제와 사회》 교과서의 마지막 부분에는 "우리의 나아갈 길은 무엇인가?"라는 제목의 글이 있다. "무엇보다도 생산을 증강하는 길뿐이다. 생산을 증가하기만 하면 동시에 물가문제를, 인플레문제를, 실업문제와 원조문제를 해결할 수 있는 것이다."라며 국가의 강령을 주입한다.

1979년에 발간된 국정 《정치·경제》 교과서는 "우리 경제가 빈곤의 악순환에서 벗어나지 않고서는 참된 민주주의나 자유를 누릴 수 없으며"라고 적고 있다. '성장 제일주의'는 당시 교사들이 구현해야 할 핵심 통치 이념이었다. 정권의 요구에 발맞춰 교사들은 학교와 교육현장에서 '성장제일주의'를 실현하는 주체로 활동하였다.

'성장주의 담론' 확산으로 학교는 '학력 경쟁'의 장으로 변모하기 시작하였다. 학생들은 자신의 경제적 부를 늘리는 생산수단으로 '학력'을 매우 중시하게 되었다. 성장주의 관점에 따라 학력도 '상품'으로 교환되는 사회 구조가 본격적으로 만들어졌다.

이는 광풍과 같은 한국 사회 특유의 교육열을 만들었다. 교육열은 지금도 한국 사회의 중요한 문제로 자리하고 있다. 교육열은 해방 이후 1961년까지 고등교육의 급속한 양적 팽창을 이루는 데 크게 기여한다.

한국은 식민지 경험과 전쟁을 겪으면서 50년대 말에 이르러 모두가 가난하지만 평등한 사회가 된다.

하지만 '평등'은 이웃끼리 함께 어울려 사는 '연대'의 성격이 아니었다. 그 반대 의미였다. '나도 노력해서 높은 곳으로 올라가겠다.'는 평등주의였다. 교육열에는 '지위 상승'의 욕망이 깊게 박혔다.

교육열은 성장주의를 만나 거대한 학력 경쟁의 구조를 만들어 낸다. 1970년대는 1955년에서 1963년에 태어난 베이비부머(baby boomer)들이 중·고등학교를 마치고 고등교육을 받으려는 수요가 폭발하던 시기였다.

대학입시 경쟁이 더욱 격렬해졌다. 재수생 문제, 과외 문제가 심각해졌다. 이는 1990년대 이후 대학 서열화와 교육 불평등이라는 뿌리 깊은 한국 사회의 구조적 문제로 확장되었다.

학교는 학력을 생산하는 '기지'처럼 변모하였다. 당연히 교사는 학교에서 '학력'이라는 상품을 생산하는 '생산자'로 일하게 되었다.

신군부 정권 당시 학력 경쟁 문화를 상징하는 정책이 〈7·30 교육 개혁 조치〉다. 1980년 7월 30일 국가보위 비상대책위원회는 학교교육의 정상화 및 과열 과외 해소 방안 등을 포함하고 있는 7·30 교육 개혁 조치를 발표하였다. 주요 내용은 '대학 입시제도 변화'와 '초·중·고등학생 과외수업 금지'였다.

7·30 교육 개혁 조치 이후 '야간 자율학습'의 집단적 훈육 형태가 뿌리내리기 시작하였다. 학교는 입시 경쟁 승리를 위해 아이들의 학력을 최대한 끌어올리는 다양한 제도를 자발적으로 설계, 운용하였다. 저녁만이 아니라 점심시간도 깎아 학습을 시켰다. '아침 9시 등교' 정책을 발표하니 아이들의 학력이 떨어질 수 있다고 아우성쳤다.

아이들은 SNS 등을 통해 정치적 경험과 질문의 영역을 확산하는데, 학교와 사회는 여전히 학력 경쟁 신화에 빠져 허우적대고 있다. 그 낡은 신화를 유지시킨 책임은 나에게도 있다.

교문 밖에 '양극화 현실'이 기다렸다

　김영삼 정부는 '국제화·세계화'를 내세우며 신자유주의 체제 편입을 공식화하였다. 김영삼 대통령은 1993년 11월 8일 특별 선언문 형식을 빌려 '국제화·개방화'를 공식 선언하였다.

> 이제는 우리의 눈을 밖으로 돌려 세계와 경쟁하며 살아가는 데 필요한 개혁을 추진해야만 합니다. 부존자원이 빈약한 우리나라는 세계 여러 나라와 교역을 확대함으로써 성장할 수밖에 없습니다…국민 한 사람 한 사람이 선진국의 국민들과 경쟁한다는 의식을 가져야만 국제화와 선진화가 이루어집니다. 국민 각자가 세계인이 되어야만 합니다.

신자유주의는 교육 정책에도 반영되었다. 〈5·31 교육 개혁안〉으로 일컬어지는 '세계화·정보화 시대를 주도하는 신(新) 교육체제 수립을 위한 교육 개혁 방안'을 발표하였다.

효율성을 극대화해 교육의 경쟁력을 높이겠다는 의도였다. 사실상 학교를 기업처럼 다루겠다는 정치적 선언이었다. 이를 통해 교육의 경제적 효용성을 전면에 드러냈다.

신자유주의에서는 시장에 대한 정부 개입이 최소화된다. 세계적인 경쟁력을 가진 기업이 시장에서 살아남을 수 있는 것처럼, 학교 또한 시장에서 살아남기 위해 스스로 경쟁력을 갖춰야 했다.

5·31 교육 개혁안의 주요 내용에서 지금까지 논란이 되는 정책은 '사립형 사립학교 도입'과 '특수목적고등학교 설립 확대'다. 이는 이명박 정부에 와서 '자율성 사립고' 정책으로 확장된다. 학교는 시장 인간 형성 의지를 더욱 노골적으로 드러냈다. 동시에 교육 양극화도 더욱 심해졌다.

나는 김영삼 대통령이 당선된 1992년 중학교에 입학했다. 김영삼 대통령 임기 마지막 해인 1997년 11월, 대학수학능력시험을 봤다. 돌아가기 싫은 극도로 어두운 시절이었다. 중학교 3학년 때, 아버지 사업 실패로 가정이 무너졌다. 아버지의 많은 빚을 어머니가 떠안았다.

돌아보면 어떻게 버텼나 신기할 정도로 하루하루가 막막하고 암울하고 끔찍했다. 갑자기 밀려온 고난의 파고를 어떻게 받아들여야 할지 몰랐다. 마음으로 쉴 새 없이 질문이 빗발쳤지만 해결할 수 없었다. 누구도 해결해주지 않았다.

불만을 표시할 수도 없었다. 큰아들이었다. 어머니와 동생들이 고통에 몸부림치는 모습을 보면서, 나까지 평정심을 잃으면 그나마 남은 빈약한 기대마저 폭삭 주저앉을 것 같았다.

할 수 있는 건 참고 견디는 것밖에 없었다. 감정의 폐기물들을 마음에 쌓아두고 버텼다. 강한 척, 괜찮은 척, 자신 있는 척, 나를 포장했다. 마음의 용량도 한계가 있기 마련이다. 시간이 흘러 감정의 폐기물들이 한계를 초과했다. 자아 밖으로 흘러 넘쳤다. 그 후 유증이 20년 이상 이어졌다.

고등학교 3학년인 1997년, 어머니, 동생들과 제주시에 있는 반지하방에서 살았다. 영화 〈기생충〉에 나온 반지하방과 비슷한 모습이었다. 입시로 예민한 시기, 마음에 꽉 들어찬 감정의 폐기물 때문에 반지하방이 주는 열등감이 더 크게 밀려왔다.

아침 7시 학교에 도착하고, 밤 10시 넘어 집에 돌아오는 일상이 반복됐다. 야간 자율학습이 끝나고 교문으로 걸어갈 때, 어둠의 틈으로 새어나오는 노란 불빛들이 지금도 생생히 기억난다.

교문 앞에 있는 차들이 뿜어내는 불빛이다. 부모님을 발견한 아이들이 긴장 풀린 웃음을 지으며 차문을 열고 들어간다. 차는 서둘러 내 앞을 지나쳐 간다. 방금까지 함께였던 아이들이 순식간에 나와 상관없는 분리된 관계가 되었다.

그때 기분은 뭐랄까. 피부가 아닌 온 마음이 얼어붙는 잔혹한 냉정함이라고 해야 할까. 기댈 곳 없이 철저히 세상에 혼자 버려진 극한의 고독함이라고 해야 할까. 분명한 건, 교문 밖에서 나를 기다리는 건 '양극화'의 진짜 현실이었다. 나에게 주어진 절체절명의 과제는 반지하의 현실을 땅 위로 끌어올리는 것이었다. 물론 〈기생충〉과 달리 법의 절차를 지키면서.

교육 양극화는 교육 수준의 차이만 해당하지 않는다. 아이들이 품은 '자존감'도 차이가 난다. 아이들이 받는 따뜻함과 사랑, 격려 수준에 따라 자신을 존중하는 마음, 자존감의 수준도 달라진다.

내가 교문 밖에서 부러웠던 건, 차량의 가격이 아니라 부모님이 미리 데워놓은 차 안의 따뜻함과 아늑함이었다. 부러움은 곧 걱정을 불렀다. 지금의 현실을 극복할 자존감이 바닥났기 때문이다. 그리고 자존감의 불씨를 어떻게 키워야 할지 그 누구도 알려주지 않았기 때문이다.

'5·31 교육 개혁안'이 시행된 이후 학교에는 냉혹한 자본주의 원리가 더욱 깊게 뿌리를 내렸다. 특히 교사들은 '교육 서비스' 제공자로 규정되었다.

김영삼 정부는 '공급자'가 아닌 '소비자'에 초점을 두고 교육의 틀을 짰다. 교육 서비스의 질을 높이는 책임을 정부가 아닌 학교와 교사에게 부여하였다.

이에 교사들은 소비자들이 원하는 것을 충족하는 교육을 하게 되었다. 소비자들이 원하는 좋은 교육 서비스란 '좋은 입시 성과'다.

교사 개인의 교육 철학과 가치관, 윤리 의식 등 교육 본질과 관련한 요소들은 평가 기준에서 배제되었다. 교사들은 좋은 평가를 받기 위하여 입시 성과를 내는 데 몰두하여야 했다.

신자유주의 교육 정책은 김영삼 정부에만 머무르지 않았다. 김대중·노무현 정부까지 정책 방향을 받아들였다. 교사들은 5·31 교육 개혁안을 내면화하고, 성과를 생산하는 선봉장이 된다.

5·31 교육 개혁안이 '수요자 중심의 다양한 교육'을 표방했지만, 진정한 의미의 '다양성'과는 거리가 멀었다. 반공주의·시장 인간 육성의 국가 통치 이념과 다양성은 애초부터 공존하기가 힘들다.

다양성의 진정한 의미를 살릴 것이라면 정책 방향이 달라야 했다. 고교 평준화를 발전시켜 각 학교 고유의 정체성과 전통·강점, 교육 과정을 키워야 했다. '다원적 평등'의 바탕에서 '다양성'이 이루어지기 때문이다.

하지만 학교 현장은 '다양성'이 아닌 '수월성'에 초점이 맞추어진다. 학교와 학생의 불평등, 격차가 계속 커지기 시작한다. 양극화에 대한 성찰과 교정은 이루어지지 않았다. 오히려 더 깊은 양극화의 수렁이 교육 문제를 더욱 해결 불가능하게 했다.

교실을 지배하는 정치 목적, '경쟁 승리'

한국의 교육은 IMF체제를 만나면서 급격히 신자유주의 경로를 따라 추진된다. 대표적인 것이 '수월성 교육'이라는 이름의 학력 경쟁과 고등학교 서열화였다.

사전적 의미로 수월성 교육은 '도달하고자 하는, 추구하고자 하는 목표에 쉽게 닿을 수 있게 해주는 교육적 노력'이라고 풀이할 수 있다. 수월성의 원어인 'excellent'는 사전에서 '우수함', '탁월함'으로 풀이된다. 한국에서는 이를 '수월성'이라 부르기 시작했다.

5·31 교육 개혁안에서 '수월성 교육'은 다양한 교육내용을 개인이 수요자 입장에서 자율적으로 선택하여 잠재력을 끌어올린다는 의미로 제시된다.

현실에서는 달랐다. 더 많은 돈과 권력이 있는 기득권들에게 유리한 제도였다. 기득권들은 돈과 권력을 이용해 더욱 적극적으로 교육 투자를 하였다. 아이들을 더 좋은 학교에 보내기 위한 무시무시한 경쟁의 장이 만들어졌다. 당연히 교육 격차는 더욱 빨리, 크게 벌어졌다.

교육 양극화를 상징하는 대표 정책이 이명박 정부에서 운영한 '자율형 사립고등학교'(자율형 사립고)다. 2007년 대선 당시 한나라당이 공약한 '자율형 사립고'의 개념은 "국가의 획일적 통제에서 벗어나 교육과정, 교원 인사, 학사운영 등을 학교가 자유롭게 운영하고, 그 책무성을 학생과 학부모의 선택에 의해 평가를 받게 하는 사립 고교 운영 모형"이다.

자율형 사립고는 사실상 고등학교를 계층화하고, 귀족 학교를 양성화하는 명분이 되었다. 돈과 능력이 있는 소비자들의 아이들이 들어가기가 유리한 학교이기 때문이다.

자율형 사립고를 중심으로 학교 서열화가 본격적으로 펼쳐진다. 이는 다른 사회 문제를 연쇄적으로 만드는 원인이 되었다. 가정 경제 능력이 있고 성적이 좋은 아이들은 특수목적고, 자율형 사립고에 들어가기 위하여 어릴 때부터 극심한 사교육 경쟁에 돌입하였다.

비슷한 수준의 아이들이 모인 특목고, 자율형 사립고에서는 좋은 대학에 들어가기 위하여 더욱 극단화된 경쟁이 펼쳐졌다. 이는 사교육비 증가와 교육 양극화를 더욱 부채질하였다.

사회에는 다양한 계층과 계급, 가치관, 성향 등을 가진 사람들이 모여 있다. 내가 원하는 수준을 가진 사람들하고만 평생 산다는 건 불가능한 일이다. 아이들은 졸업 후 사회에서 다양한 계급·계층의 사람들과 관계를 맺어야 한다.

학교는 다양한 사회와 인간의 모습을 경험하며 인권의 감수성을 함양하는 곳이다. 학교에서 '다양성과 평화롭게 공존하는 지혜'를 배운다.

이 때문에 교실에 비슷한 계층 수준의 아이들이 모이는 것은 사회성 형성에 좋지 않다. 수준이 비슷한 아이들과 경쟁만 하면, 다양한 사람들을 만나고 경험할 기회가 사라진다. '다름'의 공감 능력과 타인과 협업 능력이 떨어지게 된다.

학교에서 얻은 풍부한 경험과 감수성을 자양분으로 하여 다른 시민들과 함께 살 수 있는 '관용'을 형성한다. 이는 독립적 자아로 성장할 수 있는 바탕이 된다.

일찍부터 폭력적인 생존 경쟁에 내몰린 아이들은 건강과 감수성, 인성을 소진하고 만다. 소진이 한계에 이르면 자살 등의 비극이 벌어진다.

반대로 성적이 하위권인 아이들은 특성화고, 일반고에 모인다. 아이들은 상위 학교에 가지 못했다는 상처를 스스로 부여하고 자존감을 상실하게 된다. 이는 배움에 대한 동기 부여를 떨어뜨려 중도 탈락 등을 초래한다. 또한 학교의 서열화는 지역을 양극화하는 요인이 되어 공동체 사이 갈등의 골을 깊게 만들기도 한다.

학생들은 더 많은 학력을 생산하기 위해 스스로 자신을 관리하고 경영하게 된다. 교사들도 마찬가지다. 학생들의 학력을 끌어올리기 위하여 계속 '자기 경영'을 해야 한다. 교사와 학교가 추구해야 할 정치 목적이란 '경쟁 승리'다. 그 앞에서 다양한 정치적 가치와 감수성을 경험할 기회는 차단된다.

'경쟁력'에 대한 책임을 학교와 교사에게 지우기 위해 이명박 정부가 추진한 대표 정책이 '국가수준학업성취도평가'다. 전국의 초등학교 6학년, 중학교 3학년, 고등학교 2학년 학생이 같은 날 똑같은 문제지로 시험을 치러 '일제 고사'로 불렸다.

교육 과정·기초학력 개선 명분이 있었지만 실제 풍경은 달랐다. 일부 학교에서는 초등학생에게까지 반강제로 야간 문제풀이를 시켰다. 성적 조작 등의 여러 문제가 나왔다. 진보 진영은 '막장 시험'이라고 비판하기도 하였다.

평가 결과는 학교를 넘어 지역 교육 수준의 격차를 보여주는 기준이 되었다. 평가를 잘 받기 위해 개인과 학교, 지역 사이의 경쟁이 치열해졌다. 평가 결과는 교사 평가 결과로 이어졌다. 교사 생존에 직접 영향을 미쳤다. 살아남기 위해 교사들은 신자유주의 교육을 자발적으로 받아들여야 했다.

이명박 정부 이후부터 더 높은 수준의 학력을 취득하기 위한 무한 경쟁의 장이 펼쳐지게 되었다. 해방 이후 압축 성장을 한 한국 사회에서 빠른 시간에 기득권을 형성한 계급들은 자신의 자녀들에게 계급을 물려주기 위한 수단으로 학력을 매우 중요하게 인식하였다.

이들에게 학력 하락은 계급 하락이었다. 절대 있어서는 안 될 일이었다. 더 많은 돈을 투자해 더 나은 교육 상품을 구매하였다. 비교적 소득이 적은 계층도 학력 경쟁의 블랙홀에 더 깊이 빠져들었다.

'좋은 학력=계급 상승'의 인식 틀에 갇혀 가정 형편을 넘어서는 교육비를 지출하는 현상이 이어졌다. 이는 가정 경제를 허약하게 하는 요인이 되었다. 무리한 교육비 지출은 양극화를 더욱 부추겼다.

상층 계급의 욕구를 수용한 정부는 획일적 교육, 창의력 저하, 다양한 교육기회 위축 등의 명분을 들어 평준화 정책 방향을 바꾸었다. 교육 개혁 정책 수립·집행이 시민사회가 아닌 관료 중심으로 이루어졌기에 이런 정책 방향성이 유지될 수 있었다. 이로 인해 교사는 '민주시민 교육' 확대를 요구하는 시민사회와 거리가 더 멀어지게 되었다.

학생의 4·3 폄하 발언을 어떻게 받아들일까?

2023년 2월 13일 국민의힘 당대표와 최고위원을 뽑는 '국민의
힘 전당대회'가 제주에서 열렸다. 최고위원에 출마한 태영호 의원
이 전당대회 시작 전에 보도자료를 배포하는데 충격적 내용이 담
겼다.

"제주4·3사건은 명백히 북한 김일성 지시에 의해 촉발됐다…4·3은 김
씨 일가에 의해 자행된 만행…김씨 정권에 몸담다 귀순한 사람으로서
무한한 책임을 느끼며 희생자들에게 무릎을 꿇고 용서를 구한다."

태 의원의 발언은 즉각 제주 전체를 들끓게 하였다. 4·3 비극의 당사자인 유족들이 거세게 반발하였다. 보도에 따르면 김창범 제주4·3희생자유족회 회장은 "제주4·3진상조사보고서에 김일성 일가와 관련된 내용도 없다. 제주4·3특별법까지 제정된 상황인데, 탈북한 태 의원이 당시 제주의 상황을 공부했는지 의문"이라고 비판하였다. 유족들은 국회까지 찾아 태 의원의 사과와 최고위원 후보직 사퇴를 촉구하였다.

태 의원은 아랑곳하지 않았다. 자신의 주장이 '소신'이라는 입장을 고수하였다. 태 의원은 기자들을 만난 자리에서 "역사적 사실을 이야기하는 것에 대해서 무엇이 망언이고, 무엇이 피해자들과 희생자들의 마음을 아프게 했는지 잘 이해되지 않는다."고 말했다.

주장의 근거로 태 의원은 학생들에게 친숙한 '유튜브(YouTube)'를 꺼냈다. "유튜브에 들어가면 북한 드라마가 있다. 북한 영화와 드라마는 김일성에게 충실한 사람들 중에서 만든다. 그 영화를 보면, 제주4·3 사건 주동자가 어떻게 제주에서 무엇을 했는지 고스란히 담겨 있다."

이런 상상이 가능할 것 같다. 태 의원 발언이 맞을까 궁금한 학생이 유튜브를 켠다. 북한 관련 영상을 검색하고 찾아본다. 태 의원의 입장에 동의하는 마음이 생긴다. 이를 학교 4·3 수업에서 공개적으로 표출한다. 그렇다면 교사는 어떤 입장을 취해야 할까?

나름대로 고민하니 대략 세 가지 방법이 나온다. 첫째, 유족들의 반론을 활용하는 방법이다. 정부가 공식적으로 펴낸《제주4·3 진상보고서》내용을 알려준다. 이를 근거로 태 의원의 발언이 틀렸다고 주장하여 학생의 입장을 조정할 수 있다.

둘째, 역사와 민주시민 교육의 기회로 활용하는 것이다. 다른 학생들의 생각이 어떤지 물어보며 토론 수업으로 확대할 수 있다. 토론 마지막에는 합리적인 입장에 대해 합의를 해야 한다. 논쟁의 한복판에서 중립적이고 객관적인 입장을 스스로 확인하는 경험을 할 수 있어야 한다.

셋째, 질문을 회피하는 것이다. 정치적으로 민감한 문제이기 때문에 수업에서 다루기가 적절하지 않다고 판단하여 논의를 중단하는 것이다.

가장 쉽고 편리한 방법은 무엇일까? 그렇다, 세 번째다. 왜일까? 질문을 피하면 국가가 그은 '정치 중립'의 경계선을 넘지 않아도 된다.

폐쇄적인 '정치 중립'에 묶이면 '다름'이 두려워진다. 익숙한 가치관의 틀에서 벗어나 다른 가치를 만나고 경험하는 것이 두려워진다. 다른 정치적 신념을 가진 사람들을 만나 논쟁을 하는 것이 두려워진다. '다름'에 대한 논쟁으로 '정치 중립' 경계를 넘지 않을까 두려워진다. 이 때문이 혹시 자신이 감시받고 처벌받지 않을까 두려워진다.

　물론 모든 교사가 두려움 앞에 무력하지 않았다. 엄혹한 권력의 감시와 통제에 저항하며 정치 중립의 경계선을 뛰어넘은 교사들이 있다. 민주시민교육과 4·3교육을 진전시키는 교사들이 있다.

　저항하는 교사들을 통해 '다름'은 두려움이 아니라는 것을 배운다. 당연히 존중받아야 할 시민의 권리이자 존재 가치임을 깨닫는다.

　'다름'의 두려움을 지우는 과정은 순탄하지 않았다. '정치'의 경계를 넘은 대가는 가혹하였다. 정치 활동을 한 교사들은 해직과 징계에서 자유롭지 못했다. 대표적으로 1987년 전국교직원노동조합 출범 과정에서 많은 교사들이 해직을 당하였다. 이들 중 대부분은 1994년과 1999년에 걸쳐 복직되었지만 해직에 대한 정신적 외상은 민주정부가 출범한 2000년 이후에도 지속되었다.

　정신적 외상은 이명박 정권에서 극대화되었다. 2009년 5월 23일 노무현 전 대통령의 서거로 촉발된 '민주주의 후퇴', '표현의 자유 차단'에 대한 각계각층의 우려가 '시국선언'으로 촉발하였다. 교사 5만여 명도 두 번에 걸쳐 자율형 사립고 등 특권교육을 비판하고, 민주주의의 후퇴를 우려하는 시국선언을 하였다.

　정부는 이를 주도한 전교조 위원장과 간부들을 〈국가공무원법〉, 〈교원노조법〉 위반 등의 혐의로 고발했고, 일부 간부들은 해고까지 하였다. 감시와 처벌의 범위는 민주노동당에 당원 또는 후

원당원으로 가입하여 후원금을 납부한 교사까지 확대되었다.

참여연대 자료에 따르면 2010년 5월 검찰은 전·현직 교사 183명과 공무원 90명 등 273명을 〈정치자금법〉 위반과 〈정당법〉 위반 혐의로 불구속 기소하였다. 2011년에는 검찰이 추가 수사 후 교사를 기소하는데 그 규모는 1,352명에 달하였다.

언론 보도에 의하면 2008년부터 2010년 5월까지, 이명박 정부 2년 5개월간 일제고사 거부나 시국선언 등 정부 비판 활동을 이유로 88명이 중징계를 받았다. 이 중 32명이 파면·해임된 것으로 집계되었다. 일제고사 거부로 교단에서 쫓겨난 교사가 13명, 시국선언 등으로 파면·해임된 교사가 19명이다.

박근혜 정부에서는 전교조가 법외노조로 격하된다. 문재인 정부에 와서도 전교조는 바로 노조 지위를 회복하지 못했다. 그러던 2020년 9월, 대법원이 전교조에 대한 법외노조 통보 처분이 위법하다고 판단한다. 이에 따라 전교조는 7년 만에 노조의 지위를 회복하게 된다.

국가가 규정한 '정치 중립'은 교사의 생존을 결정한다. '다름'이 뿜어내는 다양한 정치적 색깔과 의미가 두려움으로 다가올 수밖에 없다. 정치를 회피하는 '기계적 중립성'을 스스로 갖추게 된다. 국가 통치 이념을 벗어난 주제에 대해서는 판단을 주저하게 된다.

'예멘 난민'에게서 확인한 다름의 두려움

2일 오후 제주국제공항. 중동국가인 예멘 출신 난민 78명이 항공기에서 내렸다. 이들은 이슬람국가인 말레이시아에서 머물다 쿠알라룸푸르~제주 직항편을 이용해 입국했다. 일부 여성들은 머리와 목을 가리는 스카프의 일종인 히잡을 두르고 있었다. 78명의 예멘인들이 한 번에 우리나라에 입국한 것은 보기 드문 사례로 꼽히고 있다.

《제주신보》(현 제주일보)는 2018년 5월 3일자 신문에서 "중동 출신 예멘인 78명 제주에 왜 왔나?"라는 제목의 기사를 실었다. 이후 '예멘 난민'은 한국 사회의 뜨거운 감자가 되었다.

문제는 낯선 이방인을 대하는 한국 시민들의 태도였다. 연대와 동정, 혐오의 사이에서 갈피를 잡지 못했다. 그러는 사이 혐오의 감정들이 빠르게 퍼져 진영 간 갈등이 격화되었다.

당시 언론 보도에 따르면 제주 사회는 난민 허용 여부를 놓고 찬반으로 갈렸다. 여성과 어린아이들을 경시한다거나 총과 마약이 생활화되어 있다는 등 확인되지 않은 소문이 SNS 등을 통해 확산되었다.

일각에서는 반대 수준을 넘어 혐오에 가까운 시선이 쏟아졌다. 난민 문제는 전국적인 화두가 되었다. 한편에서는 온정의 손길도 이어졌다. 종교단체와 인권단체 등은 예멘인들에게 숙식을 제공하고 한국어 교육 등 국내 생활에 적응할 수 있게 도왔다.

이는 '다문화'를 대하는 한국 사회의 민낯을 드러냈다. 이전까지 '다문화'는 지구화의 자연스런 현상으로 받아들여졌다. 세계 시민으로서 당연히 갖춰야 할 삶의 양식, 교양으로 인식하였다. 이는 난민들이 '삶의 경계 밖'에 있을 때 통용된 논리였다.

난민들이 내 삶의 영역을 침범할 수 있다는 현실적 두려움이 엄습하면서, 다문화의 교양 지식은 한순간에 무너졌다. 난민은 내 사유재산을 뺏을 수 있는 잠재적인 '적'으로 규정되었다.

난민의 등장은 한국 사회가 애써 감추었던 사회적 문제들이 연이어 터져 나오는 계기가 되었다. 문제의 실체는 '다름에 대한 두려움'이었다.

두려움을 교육 현장에서도 확인할 수 있다. 배제와 혐오가 활개를 치는 동안 교육은 무기력하였다. 우선 교육권은 난민 부모의 형편과 의지에 따라 수준이 다르게 분배되었다.

경제 수준이 낮으면 교육비 부담이 커진다. 법적으로 난민 신청 아동에게는 보편적인 교육의 기회가 주어지지 않는다. 교실 안의 차별과 혐오, 배제의 시선들에서 자유롭지 못하다.

다름의 두려움을 당연한 권리로 바꾸는 계기 중 하나는 교사들의 '정치적 감수성'이다. 아이들 관계에 있어서 차별과 혐오의 감정이 발생한다면, 교사는 옳고 그름을 아이들에게 분명히 이야기해야 한다. 교사가 주도적으로 타자에 대한 경계를 지우면서 교실을 열린 공간으로 만들어야 한다.

하지만 반공주의와 시장주의 중심의 '정치적 중립성'을 바탕으로 '국민' 육성에 주력했던 교사들은 갑자기 찾아온 낯선 땅의 사람들을 삶으로 받아들이기가 쉽지 않다. 정치적 감수성이 부족하기 때문에 우리 사회의 모순을 비판하고 교정하는 데 한계를 보인다.

다름에 대한 '혐오'와 '배제'를 어떻게 해결해야 할까. 철학자 슬라보예 지젝(Slavoj Zizek)은 서로의 정체성을 인정하는 것을 전제로 한 '거리 두기'가 필요하다고 강조한다. 지젝은 "'다른 문화의 모든 것을 이해해야 한다.'는 식의 접근을 혐오한다. 진정한 다문화의 의미, 내가 꿈꾸는 다문화의 요체는 '우리는 모두 친구가 아니다.'라는 것"이라 주장한다.

극단적인 입시 경쟁으로 인하여 민주적 토론 문화가 취약한 교육의 현실에서 타자의 정체성을 '거리 두기'하며 인정하는 수업을 할 수 있을까. 교실에서부터 아이들의 연대 의식을 키우지 않으면, 점점 확장하는 다문화 사회는 더 큰 두려움과 공포가 된다. 두려움과 공포가 커질수록 타자에 대한 폭력의 수위와 강도도 더 커지게 된다.

연대의 감수성을 키워야 하는 교실에서는 타자의 삶과 자율성,

정체성을 부정하는 교육을 해서는 안 된다. 다시 과제는 교사들에게 향한다. 교사들부터 다문화 시민들과 연대하는 경험을 충분히 쌓지 못했다. 그러니 아이들에게 연대의 감수성을 전달하는 건 매우 곤혹스런 일이 된다.

지금의 한계를 넘어서는 대안적 가치로 철학자 안토니오 네그리(Antonio Negri)와 마이클 하트(Michael Hardt)는 《공통체》에서 '사랑'을 이야기한다.

그들에 따른다면 정체성에 기반을 둔 사랑, 즉 동일한 것에 대한 사랑은 사랑의 부패한 형태다. 연대를 통해 새로운 공통적 주체성을 생산하는 사랑을 해야 한다는 것이 그들의 주장이다.

그들은 "사랑은 이미 존재하는 것과 단절 및 새로운 것의 창조를 나타낸다."고 말한다. 사랑하면 나 자신은 '특별한 주체'가 된다. 특별한 주체는 존재 그대로 존중받아야 한다.

누군가의 특별함으로 흡수 통합하는 건 진정한 사랑이 아니다. 특별함이 한곳에 모이되, 통일체가 되면 안 된다. 공존하고 연대하는 사회적 관계가 되어야 한다.

'사랑'을 통한 사회적 관계의 형성은 예멘 난민 갈등이 극심할 당시, 종교인들이 펼쳤던 담론이기도 하다. 강우일 천주교 제주교구장은 2018년 7월 1일 〈2018년 교황주일 제주교구장 사목서한〉에서 이렇게 말했다.

아브라함, 이사악, 야곱과 그 자손들 모두 다른 종족 땅에 더부살이하는 이주민이었습니다. 이집트의 종살이에서 탈출한 이스라엘 백성에게 하느님께서는 모세를 통하여 거듭 당부하십니다. '너희와 함께 머무르는 이방인을 너희 본토인 가운데 한 사람처럼 여겨야 한다. 그를 너 자신처럼 사랑해야 한다. 너희도 이집트 땅에서 이방인이었다. 나는 주 너희 하느님이다.'

'사랑'은 교육계의 오랜 담론이다. 행사 때마다 '제자 사랑', '아이 사랑'이라는 말을 쓴다. 아쉽게도 난민 사태에서는 두려움에 휩싸여 '그 사랑'을 제대로 펼치지 못했다. 안타까운 모순이다.

'민주 시민'으로 자라는 건 고마운 현상이다

1987년 민주화 이후 한국 사회에서 다양한 형태로 인권 문제가 제기되었다. 반복된 사회적 갈등과 합의 과정을 통해 인권 수준이 조금씩 진전해왔다. 그러나 시민들이 생각하는 보편적인 인권 수준과 차이를 드러내는 곳이 있다. 대표적인 곳이 '학교'다.

특히 학생 인권 사안은 항상 사회적 논란과 갈등을 불렀다. 2000년대부터 본격화한 '학생인권조례'에 대한 갈등이 대표적이다. 갈등은 지금도 이어지고 있다. 2023년 3월, 서울시의회가 〈서울특별시 학생인권조례 폐지안〉을 발의하며 학생인권조례안 갈등이 다시 수면 위로 올랐다.

조례를 폐지한다고 아이들 인권과 정치의식을 통제할 수 있을까? 조례 폐지는 댐에 난 구멍을 손을 넣어 막는 것과 다르지 않다. 임시방편일 뿐이다. 비합리적이고 과거지향적인 처방이다. 제도를 없앤다고 이미 봇물처럼 터지는 변화의 물결을 막을 수 있나?

아이들은 스스로 정치를 학습하고 경험한다. 정치 주체로 성장하는 건 자연스런 현상이다. 정치는 인간답게 살기 위한 자유로운 활동이니까. 오히려 합리적 정치의식을 가진 주체로 자라는 것을 고마워해야 한다. 독립적 삶을 향해 건강하게 걸어가고 있다는 증거다.

제도 폐지에 몰두할 게 아니라 과감히 인정해야 한다. 아이들은 학교 경계를 넘어 다양한 시민들과 만나고 관계를 맺고 있다. 정치적 주체로 자라는 걸 더 이상 학교가 붙잡지 못한다.

학생들이 자발적으로 촛불을 들고 광장에 모인다. 집회를 기획하고 무대에서 정치적 입장을 당차게 발언한다. 온라인에서는 어떤가. 다양한 온라인 플랫폼(platform)에서 세계 시민들과 관계를 맺는다.

문제는 여전히 아이들을 '훈육' 대상으로 여기는 어른들과 사회다. 정치를 경험하고 인권 의식을 키우는 일을 '쓸모없는 일'로 규정한다. 쓸모 있는 일은 무엇일까. '학력 생산과 입시'다. 그러니 쓸모없는 일을 부추기는 학생인권조례를 폐지해야 한다고 생각한다.

어른들과 사회는 아이들이 학교와 학원 책상에 오래 앉아 있는 모습에서 평온함을 느낀다. 그 기대의 기반엔 어른과 사회에 '복종' 해야 한다는 명령이 깔려 있다.

교사와 학생을 동등한 인격체로 보지 않는다. 이러한 인식을 지배하는 격언이 '군사부일체(君師父一體)'이다. "스승의 그림자도 밟지 않는다."가 지금도 스승에게 가져야 할 예의로 인식되고 있다.

이는 교사와 학생의 수직 관계가 유지되어야 한다는, 철 지난 시절을 그리워하는 '헛된 향수'와 같다. 그 구조에 기대면 교사들은 학생들에게 권위를 행사하는 것을 당연히 여긴다. 학생 인권 문제에서 자주 충돌할 수밖에 없다.

그 충돌을 가장 빠르고 강력하게 잠재우는 수단이 '체벌'이다. 한국 학교는 국가가 규정한 질서와 지식을 유지, 재생산하기 위해 '체벌'이라는 처벌 문화를 일상에 뿌리내리게 했다. 1987년 민주화 운동 이후에 각 분야에서 민주화 바람이 불었지만 유독 '체벌'의 구체제는 청산되지 못하고 지금까지 논쟁이 되고 있다.

'교육적 필요'로 인하여 체벌이 필요하다는 여론이 지금도 힘을 얻고 있다. 교권을 보호하기 위한 전제 조건으로 '체벌'이 옹호되기도 한다.

'매 맞는 학생', '매 맞는 교사'의 사례를 두고, 보수·진보 진영이 충돌하기도 한다. 학생 인권을 좌우하는 기준으로 '체벌 허용 여부'

가 중요하게 거론된다. 이 모두가 한국 사회에서 '체벌'이 얼마나 중요한 상징성을 갖는지를 반영한다.

'학생인권조례'의 역사도 체벌에서 시작되었다. 1997년 교육개혁위원회 제4차 교육 개혁안에서 '체벌'이 도마 위에 올랐다.

> "21세기를 살아가게 될 신세대의 감각에 맞는 효과적인 생활지도 수단은 아니며 교육적인 효과보다는 학생의 정신적 상처를 유발시키고 폭력을 재생산하는 부작용을 초래할 수 있으므로 학생의 인간적 존엄성이 존중되는 풍토를 조성하기 위하여 학교 내에서의 체벌을 금지하고 이를 교육 관련법에 반영토록 한다."

반면 2000년 헌법재판소는 교사의 체벌 재량권을 인정한다는 결정을 내린다. 이에 맞춰 교육부는 2002년 '학교생활규정 예시안'을 통해 구체적인 체벌 규정을 마련하였다. 벌점제도가 이때 도입되었다.

4년 후인 2006년 체벌이 다시 뜨거운 감자가 되었다. 모 지역한 고등학교 교사가 지각한 학생을 200대 때린 것이 알려지면서 전국에서 비판 여론이 들끓었다. 교육부는 학생체벌 금지 법제화에 나섰고, 국회는 학생 체벌 금지 등 학생 인권 보장을 위한 〈초중등교육법 개정안〉을 발의하였다.

이 흐름을 기반으로 하여 경기도교육청은 2009년 전국 최초로 교내 체벌 금지와 두발 자유 등을 내용으로 하는 '학생인권조례'를 공식 선포하면서, 학생인권조례를 둘러싼 사회적 갈등이 본격화되었다.

다른 지역에서도 진보·민주 성향 교육감들이 당선되면서 서울, 광주 등에서도 학생인권조례가 제정되었다. 제주에서도 2021년 진통 끝에 학생인권조례가 빛을 봤다.

여전히 체벌과 학생인권조례는 정치적 필요로 인하여 자주 논란의 도마에 오른다. 이 과정에서도 '정치적 중립성'의 개념이 혼재되어 나타난다.

서울특별시교육청이 2011년 학생인권조례 제정을 추진할 때 보수 성향의 학부모 및 시민단체가 강하게 반대했다. 주요 이유가 '정치적 중립성'이었다.

참교육어머니전국모임, 바른교육전국연합, 서울시학부모유권자연맹 등 100여 개 보수 성향의 학부모 및 시민단체들은 기자회견에서 "헌법에 명시된 교육의 정치적 중립을 위배하면서까지 학생들에게 정치활동을 보장해주는 의도가 의심스럽다."고 비판하였다.

반면 인권운동사랑방 상임활동가 '어쓰'는 인터넷 언론사 《프레시안》에 게재한 칼럼에서 더 많은 정치교육이 필요하다고 주장한다.

"교육의 정치적 중립은 국가 권력이 교육을 마음대로 휘두르지 못하게 하는 데 의의가 있는 주장이다…기계적 중립을 강요받는 교육은 현실에서 오히려 보수적이고 폭력적인 이데올로기를 그대로 재현하는 방식으로 구현된다…제대로 된 역사 교육이나 페미니즘(feminism) 교육이 배제된 학교는 교육이 정치적 중립을 지켜야 한다는 믿음 속에서 정치적 이슈에 대한 교육을 배제해온 결과이기도 하다."

아이들에게 '반론권'이 있나?

시선을 학교 밖으로 넓혀보자. 시민권 제도의 발전 과정으로 바라보면 학생 인권 문제는 다른 차원으로 접근할 수 있다.

시민권 제도가 획기적으로 발전한 1987년 이후에 출생한 세대들은 개인의 권리나 불복종의 자유 등 자유권과 관련한 권리의 소중함을 이전 세대에 비해 중요하게 인식한다. 새로운 시민권 제도 속에서 성장한 학생들은 자유권 의식이 높고 정치 사회적 참여에도 적극적이다. 다른 집단의 정치 사회적 활동에 대해서도 개방적이다.

교육이 '정치적 중립성'에서 갈피를 잡지 못하는 동안 학생들은 다양한 행동과 실천을 통해 정치의식을 채우고 있다. 그러나 학생들의 요구에 학교와 정부의 대응은 미흡하기만 하다. 문제 해결 대신 '주동자 색출'에 나서거나 폭로를 멈추라고 종용하는 일이 벌어지기도 한다.

지금 세대들은 국가의 이익을 위해 개인을 희생하는 국가주의에 대한 거부감이 크다. 반면 '시민격'(citizenship)의 핵심 토대인 인권 의식을 매우 강하게 드러낸다. 시민격은 '국적'을 포함하는 개념이다. 국적을 가진 시민으로서 국가와 관계를 맺는다. 동시에 국가에서 함께 살아가는 다문화 사람들에 대한 존중과 포용, 도덕적 감정 등의 권리와 의무를 실천한다.

반면 교사들의 삶은 여전히 국가주의적인 틀에 묶여 있다. 국가가 규정한 '정치 중립 의무'와 '국가 교육 과정'이 교사들의 자유로운 생각·행동을 통제하는 장치가 된다.

교사 스스로 진보적인 행동을 주저하게 하는 내면적 검열 틀이 되기도 한다. 그러니 교실에서 학생들의 인권·정치의식과 충돌하게 되고 괴리도 갈수록 커지게 된다.

〈스쿨 오브 락(樂)〉이라는 영화가 있다. 다큐멘터리 장르로 2021년 개봉했다. 탈을 쓰고 노래하는 괴짜 선생님, 방승호 교장이 학업을 포기한 아이들을 변화시킨 실제 이야기를 담았다. 영화에서 방승호 교장은 부임 후 첫 번째 만난 아이의 이야기를 소개한다.

"지금 여기 교장 왔을 때 첫날 만난 애가 술 취한 애였어요. 술 취해서 복도에서 돌아다니는 애. 너 뭐야 이랬더니 입학생이라고. 그래서 그 아이 데려다 놓고 앉아서 물 먹여 가면서 이야기하니까, 밤새 남의 집 식당 가서 갈비 잘라준 거야. 아르바이트로 경제적으로 힘드니까 손님들이 따라준 거 먹고. 걔 입장에서는 집에 가서 자야 되는데 정말 참고 학교 온 거죠. 그런데 그 아이의 행동만 보고 내면을 안 보니까, 그냥 술 취한 애라고 생각하면 학생도 아니잖아. 그런데 잠깐만 앉아서 물 한잔 주고 얘기 듣는 순간에 다른 애가 되는 거야. 가장 가정에 효도하는 아이. 그리고 정말 그럼에도 불구하고 집에 가야 되는데 학교 온 아이가 되는 거야."

교장이 술 취한 학생에 대한 인식의 틀을 '문제아'에서 '모범생'으로 바꾼 계기는 학생과 나눈 대화다. '문제아' 틀을 바꿀 반론의 기회가 학생에게 주어지지 않았다면? 그 학생은 술 취해 학교 나온 문제아로 계속 규정될 것이다. 방승호 교장의 이야기는 학생들의 인권을 바라보는 우리에게 큰 울림을 준다.

생각해보면 학생 인권과 관련한 논란이나 갈등에서 학생들의 '진짜 이야기'를 들어본 적이 있나 싶다. 인권 관련 사건의 진상과 원인의 출처는 주로 '어른'이나 '기관'이다.

언론사에서도 아이들을 직접 취재하기보다 학교·수사당국 등

기관·단체를 통해 취재한다. 이 과정에서 당사자인 아이들의 반론과 입장은 소개되지 않는다. 물론 접근과 자료 확보가 쉽지 않은 환경도 있다.

당사자들의 입장이 쉽게 배제되기 때문에, 학생 인권 사안의 취재와 보도는 신중하고 또 신중해야 한다. 보도자료 내용도 엄격하게 검증해야 한다. 무리한 해석·평가도 자제해야 한다.

현실은 다르다. 취재·보도 경쟁에서 우위를 점하기 위해, 포털에서 더 많은 선택을 받기 위해 과도한 해석을 담은 기사들을 생산한다.

눈 밖에 벗어난 아이들을 쉽게 '문제아'라고 규정해버린다. 정부와 정책을 비판하기 위해 학생 인권 사안을 정략적으로 이용하기도 한다. 하나의 원인을 사건의 모든 원인으로 단정하는 성급한 일반화의 오류를 저지르기도 한다.

교육청에 있을 때도 비슷한 일을 종종 겪었다. 학생 인권 관련 사건이 있을 때마다 기자들이 특정한 원인을 제시하며 동의를 요구하는 경우가 많았다.

특정한 원인의 기반에는 특정한 정책·제도를 비판하기 위한 정치적 의도가 깔려 있다. 무리한 요청을 받을 때마다 과거 기자 시절을 돌아보며 반성하곤 했다. 나 역시 인권 보호보다, 알 권리를 빙자해 기자의 인정욕구를 채우는 데 급급하지 않았나 말이다.

아이들을 배제한 정치적 판단과 거래가 계속되면, 아이들은 '정치적 주체'가 아닌 '소비의 대상'으로 전락한다. 취재와 보도 경쟁이 치열할수록 학생 인권 관련 사건은 더욱 자극적인 상품이 된다.

기사는 더욱 극적인 스토리텔링으로 꾸며진다. 사안의 본질보다는 가해·피해 지점과 규모, 특정 피해 부위, 가·피해가 얽힌 장면 등이 극단적이고 자극적으로 전시된다. 이는 사건 해결에 전혀 도움 되지 않을뿐더러, 학생 인권을 더욱 침해하는 악순환으로 이어진다.

학생들을 '민주 시민'으로 바라봐야 한다. 인권 문제 앞에서 편 가르기를 할 것이 아니다. 당사자들의 진짜 이야기와 요구를 듣고 존중해야 한다.

학생 인권 보도도 마찬가지다. 사건이 투영하는 학생들의 삶과 입장을 주목하고 공유해야 한다. 학생들의 현실이 말하는 한국 사회의 구조적 문제를 진단하고 해결책을 모색해야 한다. 거기서부터 학생 인권 문제 해결을 위한 공론이 모아질 수 있다.

낡은 정치 중립의 민낯, ——————— 7.
'가만히 있으라'

신자유주의가 낳은 괴물, '세월호'

2014년 4월 16일, 진도 앞바다에 침몰한 '세월호'를 봤을 때 영화 한 편이 떠올랐다. 봉준호 감독의 〈괴물〉이다.

세월호는 '괴물'이었다. 영화 속 괴물이 아이를 삼켜 한강 밑으로 사라졌듯, 세월호 역시 수많은 아이들을 집어 삼킨 채 바닷속으로 사라지고 있었다.

설마 했던 영화의 상상력이 현실의 참사로 재현되는 순간. 그때 나는 지방선거 교육감 후보 캠프의 참모로 일하고 있었다.

미디어는 참사를 스펙터클하게 생중계했다. 하지만 바삐 돌아가던 일상은 멈췄다. 모든 업무가 멈췄고 말이 멈췄다.

미래가 멈췄다. 멍하니 선 채로 지난 시간의 길을 돌아봤다. 스펙터클함의 흔적이 가득했다. 쓰다 버린 효율·성공이라는 욕망의 잔해들이 널브러져 있었다.

반성과 참회하기엔 너무 늦은 시간. 하늘과 바다의 신을 향해 기적을 달라고 기도할 수밖에 없었다. 국가에 대한 기대가 처참히 무너지고 있었으니.

세월호는 한국사회 폐기물을 먹고 자란 '돌연변이 괴물'이었다. 영화 〈괴물〉 속 한강의 독극물을 먹고 몸집과 공격력을 키운 그 괴물처럼.

참사 대응 방식도 영화와 비슷하게 흘러갔다. 〈괴물〉에서 권력은 한강에 출현한 괴물을 제거하기보다, 어떻게 하면 괴물을 숨길 수 있을까 골몰한다.

괴물로부터 터져 나오는 사회적 분노와 비난을 딸을 구하고 있는 소시민 가족에게 돌린다. 권력의 내부 모순을 은폐하며 위기를 넘어가려 한다.

세월호 참사 현장에서도 국가는 보이지 않았다. 실시간 화면으로 보는 건 서서히 침몰하는 세월호였다. 그리고 세월호를 바라보며 울부짖는 가족들과 시민들이었다.

국가는 어찌할지 몰라 허둥대고 있었다. 할 수 있는 일이라곤 처벌의 화살표를 다른 곳으로 돌리는 것이었다. 결국 구조 실패의 책임을 안고 해양경찰은 해체된다.

철학자 미셸 푸코(Michel Foucault)는 '파놉티콘(Panopticon)'의 개념을 활용해 우리 사회의 감시와 통제, 처벌의 구조를 비판하였다. 파놉티콘은 영국의 공리주의 사상가 제러미 벤담(Jeremy Bentham)이 제안한 '원형 감옥'이다.

한 명의 감시자가 최대한 많은 수감자를 감시할 수 있도록 설계되었다. 감시자는 원형 감옥 정중앙, 가장 높은 곳에서 수감자를 본다.

감시자는 수감자를 볼 수 있지만 수감자는 감시자를 볼 수 없다. 파놉티콘에 종속되면 수감자는 자신을 스스로 감시하고 통제한다.

푸코는 현대 사회를 '파놉티콘'이라고 규정하였다. 감옥만이 아니라 병원, 학교 등에서 권력은 시민들을 감시·통제하고 규율을 어기면 처벌한다. CCTV로 시민들의 일거수 일투족을 지켜보는 것 역시 파놉티콘 형태의 감시·통제 방식이다.

파놉티콘 개념을 빌려 세월호를 이렇게 정의할 수 있을까. '돌연변이 파놉티콘'. 열린 공간이었던 세월호는 침몰하면서 닫힌 공간이 되었다. 수학여행의 설렘을 실어 나르던 배는 순식간에 아이들의 생명과 미래를 가둔 감옥이 되었다.

그 감옥은 권력이 죄수를 감시하는, 일반적 감옥이 아니다. 세월호 밖의 시민들이 권력을 감시하는 형태다.

권력은 감시와 처벌을 집행하는 데 익숙했다. 세월호 참사에서 처지가 바뀌었다. 감시와 처벌의 '대상'이 되었다. 권력은 당황할 수밖에 없었다. 처벌받지 않기 위해 허둥댔다. 하지만 허둥댈수록 무대책·무력함·무책임의 민낯만 분명히 드러났다.

세월호 참사 이전까지 대한민국은 거대한 '파놉티콘'이었다. 신자유주의 체제에서 이윤의 극대화를 위해 권력은 노동자들을 감시하고 검열하였다.

대표 파놉티콘, '학교'도 마찬가지였다. 신자유주의 체제에 충실히 복무하여 아이들을 극단적인 입시 체제에 몰아넣었다.

학교는 학력 자본을 끊임없이 생산해야 서열에서 우위를 지킬 수 있었다. 부모들은 자신의 부와 계급을 재생산하기 위하여 아이들의 학력 자본이 필요하였다. 국가와 기업은 아이들을 신자유주의 체제에 순응하는 '시장 인간'으로 육성하여야 했다.

그 생산 양식을 가동하는 주체, 교사들은 문제를 알면서도 저항하기가 어려웠다. 국가가 행사하는 처벌 앞에서 위축되었다. 자신의 정치의식과 가치관을 스스로 검열하고 통제해야 했다. 축적된 신자유주의 교육의 모순은 결국 '파놉티콘' 세월호에서 대형 참사로 폭발했다.

세월호를 파놉티콘으로 완성한 한마디는 '가만히 있으라'다. '가만히 있으라'를 들은 순간, 시민들은 처벌의 방향을 자신에게 돌리기 시작하였다. 우리를 둘러싼 거대한 파놉티콘에 대한 성찰이 시작되었다.

건강과 안전을 뒤로하고 성적과 효율, 서열에 몰두했던 한국 교육에 대한 반성이 일었다. '가만히 있으라'며 아이들을 감시·통제·억압한 교육의 폭력적 구조를 해체하기 시작하였다. 교사의 역할에 대한 비판과 재구성도 이루어졌다.

세월호 참사는 진보·민주 성향 교육감들을 대거 당선시킨 결정적 계기가 되었다. 2014년 6·4 지방선거에서 대구·경북·울산·대전을 제외한 13개 지역에서 진보·민주 성향의 교육감들이 당선되었다. 당시 《한겨레》는 이렇게 보도하였다.

> 세월호 참사 충격이 진보 교육감 시대를 몰고 왔다고 보는 게 더 설득력이 있다. 세월호 참사가 학교교육의 중요성을 크게 부각시켰고, 30·40대 '앵그리맘'을 중심으로 한 학부모들로 하여금 경쟁과 효율을 추구하는 보수 성향의 후보보다 협력과 공존, 덕성을 중시하는 진보 성향의 후보를 선택하도록 했다고 보는 게 합리적이다.

진보·민주 성향 교육감들은 자신들이 넘어야 할 한국 교육의 시대적 과제를 '가만히 있으라'로 대변되는 '주입과 지시 중심의 교육

문화'로 규정하였다. 참사로 희생된 학생들이 다녔던 단원고등학교가 소속된 경기도교육청은 과거 20년의 '5·31교육체제'를 새로운 '4·16교육체제'로 혁신하겠다는 의지를 표명하였다.

손흥민이 보여준 '질문 해결 능력'의 위대함

세월호 참사 이후 각 지역 교육감들은 공통적인 교육 패러다임을 제시한다. 바로 '질문이 있는 교육'이다. '질문'은 '가만히 있으라'와 대조되는 개념으로 정의되었다.

조희연 서울시교육감은 "따라잡기 교육의 교실에는 질문이 없습니다. 정답은 이미 정해졌고, 더 많은 지식을 더 빨리 외워서 더 많은 답을 아는 것만 중시하기 때문입니다…우리는 질문이 있는 교실을 만들어야 합니다. 평범한 질문보다 엉뚱한 질문에 더 귀를 기울일 것입니다."라고 하였다.

문제는 교육감들의 의지와 달리 여전히 높고 단단한 입시 체제의 장벽이었다. 입시 체제와 '질문이 있는 교실'은 융화될 수 없었다. 입시 체제는 토론과 비판이 없는 보수적인 학교 문화를 만들었다. 교사들은 교과서 진도를 나가는 데에 충실하였다.

아이들은 질문이 없는 일방통행식의 사교육에 길들여졌다. 교사와 학생 모두 '질문'의 동기부여가 없었다. 이러다 보니 '질문이 있는 교육'은 교사의 소명이 아닌, 또 다른 업무로 받아들여지게 되었다.

교사에게 부여된 과도한 행정 업무도 '질문이 있는 교육'을 어렵게 하는 한계다. 아이들이 감당해야 할 학습량이 많아질수록 질문할 여유는 줄어든다. 수업 진도 부담이 커지면 아이들은 따라가기에 급급하다. 자유로운 양방향의 질문이 오갈 수 없다.

조벽 동국대학교 석좌교수는 《한국일보》와 인터뷰에서 "외국에서 유학 온 학생들이 신기하게 생각하는 것 중 하나가 한국 대학생들이 평소 자기들끼리는 얘기를 잘하다가도 교수와 함께 있을 때에는 철저히 입을 닫는 모습이다. 어린 시절부터 질문을 하면 윽박지르는 어른들을 경험한 탓"이라고 설명했다.

결정적으로 교사들조차 교사가 되기까지 다양한 질문을 던지고 스스로 답을 찾는 경험을 폭넓게 하지 못했다. 법령에 근거한 교육 과정을 이행하는 데에 역량과 에너지를 집중했다.

다양한 정치적 경험과 감수성의 토양에서 다양한 질문이 떠오른다. 현상에 대한 문제를 발견할 때, 비판과 질문을 하게 된다.

'가만히 있으라'를 벗어나려면, '가만히 있으라'를 비판해야 한다. 그리고 정치적 입장을 갖고 질문해야 한다.

정치 중립에 묶인 한국 교사들이 정치적 경계를 뛰어넘으며 비판과 질문을 할 수 있을까? 만만치 않은 용기와 도전, 변화를 위한 노력이 필요하다.

질문을 자꾸 던지고 답을 찾는 과정에서 '정치 중립'의 단단한 껍질이 깨지기 시작한다. 아이들이 수업 내용과 상관없이 던지는 '질문'은 종종 오해를 받는다. 진도를 방해하는 이기적 혹은 쓸모없는 행위로 여겨진다.

과연 그럴까? 단언컨대, '질문'이 사라지면 삶이 불행해진다. 질문은 즐거운 삶을 위해 가장 필요하다. 질문, 구체적으로 '질문 해결 능력'이 삶에 미치는 위대한 힘을 축구선수 '손흥민'에게서 확인했다.

손흥민 선수의 아버지 손웅정 씨는 자신의 책《모든 것은 기본에서 시작한다》에서 '기본기의 중요성'을 강조한다.

> "이 세상에 혜성같이 나타난 선수 같은 건 존재하지 않는다. 차곡차곡 쌓아올린 기본기가 그때 비로소 발현된 것일 뿐이다. 모든 것은 이 기본에서 시작된다. 흥민이의 기본기를 채우기 위해 7년의 세월이 걸렸다."

같은 이야기를 tVn 〈유 퀴즈 온 더 블럭〉에서도 했다. 손흥민 선수의 기본기 훈련을 위해 어릴 때부터 매일 1,000개의 슈팅을 하게 했다고 전했다.

이렇게 한 이유가 무엇일까? 자신에게 오는 공을 안정적으로, 내 뜻대로 소유·통제할 수 있기 위해서다. 축구 경기를 해본 경험이 있는 이들은 알 것이다. 경기에서 공은 절대 내가 원하는 대로 오지 않는다.

경기장에서 공은 사실상 '생물'이 되어 나에게 온다. 속도·세기·방향이 제멋대로다. 상대의 압박이 심해 편히 패스할 여유가 없기 때문이다.

손흥민 선수 같은 월드클래스라면 생물처럼 날아오는 공을 '무생물'로 만드는 능력이 있어야 한다. 어떤 상황, 공간에서든 자신의 의지대로 공을 소유할 수 있어야 한다. 그래야 찰나의 순간에 패스할지, 드리블하면서 수비를 허물지, 슛을 할지 결정할 수 있다.

손흥민 선수는 생물처럼 날뛰는 공을 무생물로 멈추게 할 수 있는 기본기가 탄탄하기 때문에 자신의 계획대로 경기를 이끌고 골을 넣을 수 있다. '자기 결정권'을 갖고 경기를 할 수 있으니, 얼마나 축구가 즐겁고 설레겠는가?

손흥민 선수의 사례를 우리 삶에 적용해보자. 축구공처럼 매일 나에게 '생물처럼' 제멋대로 날아오는 게 있다, 무엇일까? 바로 '질문'이다.

질문은 생물처럼 날뛰며 나에게 온다. 스스로에게 물어보라. 마음에 풀지 못한, 마구 날뛰며 돌아다니는 질문들이 가득 담기지 않았나? 그 질문을 풀지 못해 힘들다고, 우울하다고 호소하고 있지 않나?

영화 〈미션 임파서블〉, 〈탑건〉을 본 적이 있다면 기억할 것이다. 목숨을 잃을 수 있는 극도로 위험한 상황에서도 톰 크루즈는 웃음을 잃지 않는다. 톰 크루즈는 '질문 해결 방법'을 이미 알고 있기 때문이다. 자기 결정권을 갖고 질문을 해결할 수 있다는 자신감이 있기에 그토록 여유로운 것이다.

나에게 날아오는 질문을 자기 마음대로 통제하고 해결할 수 있으면 삶이 너무나 즐겁다. 예측 못한 변화 앞에서 당황하거나 좌절하지 않는다. 자신의 능력을 확인할 설레는 도전이라고 생각한다.

강팀과의 경기를 즐겁게 도전하는 손흥민 선수처럼 말이다. 결국 우리도 손흥민 선수처럼 삶의 기본기를 탄탄히 갖춰야 즐거운 삶을 꾸려갈 수 있다. '삶의 기본기'는 '질문 해결 능력'이다.

질문을 해결하기 위해 질문을 파고 들어가면, 인류가 낳은 위대한 빛에 닿는다. 바로 '고전(古典)'이다. 고전에는 우리의 질문을 해결하는 '시대를 초월한 답변'이 있다. 질문 해결 능력을 갖추고 싶다면, 즐거운 삶을 살고 싶다면 고전을 읽어야 한다. 한국 현실에서 가능할까? 교과서를 닫고 고전을 열 수 있을까? 정치 중립을 벗고 '정치의 바다'인 고전에 뛰어들겠다는 의지를 발휘할 수 있을까?

인문학·놀이·예체능 교육을 확대할 수 없을까?

'4차 산업 혁명' 시대에 대비해야 한다는 요구가 오래전부터 나왔다. 4차 산업 혁명이 오긴 오는 걸까? 이미 왔다고 하는데 어떤 모습으로 와있는 걸까?

'4차 산업 혁명'은 〈2016 다보스포럼〉에서 세계경제포럼 회장인 클라우스 슈밥이 처음으로 제안한 개념이다.

> 4차 산업 혁명은 지난 세 차례의 기술 혁명에서 파생된 기술들을 발판 삼아 만들어진 신기술들이 서로 밀접하게 연결되면서 생겨난 인류 발전의 새로운 장이다.

초반에는 애매모호한 개념이었다. 이후 다듬어지고 수정되면서 최근에는 구체화된 내용이 통용된다. 4차 산업 혁명은 '초연결성'과 '초지능화', '융합화'의 특징을 갖는다.

모든 것이 연결된다. 사물과 사물을 포함하여 사람과 사물, 사람과 사람의 연결이 매우 빠르고 급격하게 확대된다.

인공지능(AI)과 빅데이터가 결합하여 모든 산업에 적용된다. 생산성이 급격히 높아지고 제품과 서비스가 지능화된다. 3D 프린팅과 무인 운송수단, 로봇공학, 나노기술 등 여러 분야 혁신 기술이 현실과 융합하여 인간과 사물의 경계를 없앤다. 가상세계와 현실세계가 융합된 새로운 미래의 세상이 펼쳐진다.

한편에서는 4차 산업 혁명에 대한 논란이 있다. '실체가 있는 개념인가.'라는 의문이 제기된다. 국립과천과학관 이정모 관장은 《4차산업혁명이라는 거짓말》에서 "1차 산업 혁명기가 생존 물질을 공급하고 2차 산업 혁명은 삶의 질을 높였다. 그런데 3차 혁명인 인터넷 혁명은 모르고 지나갔는데, 어느새 4차 산업 혁명이 왔다."고 하였다.

4차 산업 혁명이 '실패한 미래의 기획'이라는 비판도 있다. 1~3차 산업 혁명은 사람들에게 '유토피아(utopia)'처럼 그려졌다. 그래서 사람들에게 미래에 대한 믿음과 희망을 줄 수 있었다. 그 동력으로 혁신 기술을 동원한 첨단 산업을 확대할 수 있었다.

4차 산업 혁명의 치명적 결점은 '유토피아'가 떠올려지지 않는다는 것이다. 인공지능과 사물인터넷 등의 혁신적인 기술이 전시된다. 하지만 사람들은 알고 있다. 새로운 기술이 장밋빛 미래를 가져다주지 않을 것을. 오히려 더 벌어질 양극화를 걱정하고 있다. 벌써부터 AI가 기존 일자리를 빼앗는 반(反) 이상향, '디스토피아(dystopia)'의 현실이 펼쳐지고 있다.

애초부터 인공지능의 미래는 유토피아 서사가 존재하지 않는, '유토피아 없는 유토피아'라는 주장이 설득력을 얻는다. 서동진은 논문 〈지리멸렬한 기술 유토피아-4차 산업 혁명이라는 이데올로기〉에서 이렇게 비판한다.

사물인터넷, 빅데이터, 클라우드 컴퓨팅, 모바일, 인공지능 등이 역사적인 대분기를 초래하고 경제를 넘어 모든 분야에 메가톤급 파장을 몰고 올 기술적 혁신이라 강변하는 수사에는 어쩐지 공허하고 자기 패배적인 기운이 드리워져 있다…지난 시기 산업혁명 때마다 다투어 등장했던 행복한 미래의 전경이 4차 산업 혁명 서사 속에는 거의 자취를 감추고 있다…오늘날 기술유토피아는 계급적 특성이 적나라하다…우리는 경악스럽게도 일이 사라진 세계의 문명을 꿈꾸는 대신 일자리가 사라질 때 당신은 어떻게 살 것인가 대비하라는 기술유토피아의 협박에 직면해있다.

발전하는 AI 기술이 인간들의 생존권을 잠식하고 있다는 것은 명확히 확인되고 있다. 프로바둑기사 이세돌 9단을 압도적으로 이긴 알파고(AlphaGo)는 충격이었다.

AI의 진화는 2023년 폭풍 같은 두려움이 되어 인류를 덮쳤다. 대화형 인공지능 챗GPT(ChatGPT)의 등장이다. 챗GPT 어플리케이션에서 몇 가지 질문을 넣으면 납득할 만한 답을 내놓는다.

정치인의 연설을 쓰고 자격시험에서 합격 수준의 정확도를 보인다. 논문과 책, 판결문도 쓴다. 몇천억 개의 문서와 책의 데이터를 학습한 결과다. 챗GPT는 2023년 출시 두 달 만에 월 사용자 1억 명을 돌파했다.

머지않아 인간의 일자리를 장악할 것이라는 두려움이 현실이 되고 있다. 초기에는 AI가 서빙, 조립, 계산 등 단순 반복 노동을 대체할 것이라고 예상했다. 이제는 의사, 변호사, 약사 등 전문 지식을 활용해 사람들에게 해결책을 제공하는 직업들이 위험하다는 전망이 나온다.

심지어 인간만이 할 수 있는 고유 영역이라 생각했던 예술 역시 AI로 인해 장벽이 무너지고 있다. 챗GPT가 창작한 시와 소설, 음악, 그림이 공유되면서 놀라움과 충격을 자아내고 있다.

인간과 평화롭게 공존할 수 있도록 AI에 대한 규제와 윤리가 필요하다고 주장한다. 다른 쪽에서는 미래 유망 산업을 선점하기 위한 국내외 기업 간의 쟁탈전이 치열하게 벌어지고 있다.

새로운 기술이 등장할 때마다 정부는 교육이 미래 변화에 빠르게 대처해야 한다고 요구한다. 그러면서 미래 산업의 인재를 충실히 키우기 위한 각종 매뉴얼과 지침, 교육 과정을 학교 현장에 보낸다.

과거도 그랬고 지금도 그렇다. 정보화 시대에 맞춰 PC와 관련 교육 과정이 보급됐다. 스마트 기기 대중화에 맞춰 노트북과 태블릿, 관련 매뉴얼이 전파됐다. 챗GPT의 위력 앞에서도 처방은 비슷할 것이다.

이런 호들갑의 기반에는 반공주의 시대 때부터 이어진 '성장 이데올로기'가 깔려 있다. 미래 산업을 성장시킬 국가 인재를 키우는 것이 교육의 역할이라는 오래된 관념이 끈질기게 영향력을 발휘한다.

그 관념은 '정치적 경계선'이 되어 새로운 교육의 상상력을 차단한다. 첨단 기계 조작법을 가르치는 것이 미래를 대비하는 교육일까? AI에게 없는 인간 고유의 창조와 공감·연대의 감수성을 제대로 키우기 위해 인문학과 놀이, 예체능 교육을 확대할 수 없을까?

'인간은 무엇인가'에 답해야 한다

미래 아이들은 '인공지능과 공존'하며 살아야 한다. '인공지능과 공존하는 인간'은 크게 두 가지 계급으로 분류할 수 있다. 하나는 인공지능을 통제하고 적절히 활용하는 '기술 결정권'을 가진 계급이다.

다른 하나는 인공지능 그림자에 가려져 보이지 않는 '프리카리아트(Precariat)'다. 프리카리아트는 이탈리아어 '불안정하다(Precario)'와 노동자를 뜻하는 영어 '프롤레타리아트(Proletariat)'의 합성어다. 인공지능에 일자리를 뺏겨 저임금·저숙련 노동을 하는 불안정한 노동자다.

국가의 요구에 따라 학교는 '기술 결정권을 가진 인간'을 키우고 있다. 하지만 양극화 구조에서 모든 아이들이 결정권을 가질 수는 없다. 소수의 아이들만이 인공지능 시대에서 살아남는다면 삶의 격차는 더 벌어질 것이다.

솔직히 인정해야 한다. 그동안 새로운 기술·산업에 맞춰 교육정책을 바꿔 학교를 통제·관리했지만 모든 아이들이 기대만큼 성장하지 못했고, 행복하지도 못했다.

오히려 교육 양극화가 더 노골화되고 심해졌다. 미래 인재 육성이 문제가 아니라, 악순환하는 학교 폭력·인권 침해가 더 문제다.

불평등 구조를 가속화하는 분배 체계, 부실한 복지 및 사회 안전망, 교육을 감시·통제하는 '정치 중립' 이데올로기 등 뿌리 깊은 사회 문제들을 해결하는 것이 우선이다. 그러지 않으면 지금의 학교 풍경은 미래도 마찬가지일 것이다.

이전과 완전히 다른 새로운 상상력으로 미래 교육을 새롭게 구성해야 한다. 초인류 인공지능 앞에서 인간은 '인간의 쓸모'를 입증해야 한다. 그 쓸모는 어떻게 입증할 수 있는가.

인공지능과 구별되는 인간의 고유 본성-정의·공감 능력, 윤리·연대 의식, 인권·예술적 감수성 등-으로 인공지능과 공존하고, 인공지능을 공공적 성격에 맞게 통제, 관리할 수 있어야 한다.

인간의 고유 본성은 '시민의 덕성'이다. 이에 미래는 인류를 교육 역사의 첫 번째 질문으로 돌아가게 한다. 바로, '인간이란 무엇인가?'다.

미래 교육은 '인간이란 무엇인가.'에 답해야 한다. 시민의 덕성을 두텁게 하며 걸어가야 한다. 이를 위해 아이들이 공통으로 갖고 있는 지구적 문제들을 해결해야 한다. 아이들이 함께 행복할 수 있도록 '행복을 제도화'해야 한다. '행복'에 대해 네그리와 하트는 이렇게 말한다.

오늘날 행복은 정치적 개념이 되어야 한다…행복은 오래 지속되기 위해서 제도적 성격을 띠어야 하는 집단적 선, 아마도 궁극적인 집단적 선이다…행복의 제도화는 정치적 기획일 뿐만 아니라 존재론적인 기획이기도 하다…존재는 이 세계가 아닌 다른 어떤 세계에 불변적으로 고정되어 있는 것이 아니라 끊임없이 생성의 과정에 종속된다. 마찬가지로 인간 본성은 불변의 것이 아니라 훈련과 교육의 과정에 열려있다.

교육을 바라봄에 있어서 간과하는 중요한 변수는 '자본주의의 부작용'이다. 부작용은 사회 구성원의 가장 약한 존재인 아이들부터 위협한다. 자본주의의 문제는 아이들 삶의 양식으로 반영되어 나타난다. 자본주의의 문제가 극단화될수록 아이들의 표현 양식도 극단적으로 나타난다.

대표적인 표현 형태가 '학교폭력'이다. 넷플릭스 드라마 〈더 글로리〉에서 그 심각성을 확인하였다. 그나마 신체 밖으로 드러나는 문제들은 '볼 수 있기'에, 성찰하며 개선방안을 모색할 수 있다.

문제는 밖으로 드러나지 않는 문제와 표현 방식이다. 심각한 사회 문제가 되고 있는 '마음 건강'이 여기에 속한다. 마음 건강 문제는 아이들이 교사나 부모에게 구조를 요청하지 않으면 확인할 수 없다.

아이들이 마음의 아픔과 상처를 억지로 눌러 담으며 견디다가 내부에서 폭발하는 경우들을 확인하고 있다. 오은영 박사가 출연

하는 프로그램에서 심각한 사례들을 본다.

아이들이 다양하게 표출하는 자본주의의 문제들을 정면으로 마주하며 고통받는 사람들이 교사다. 교사들이 더 힘든 건, 아이들이 뿜어내는 분노를 감내하고 수용해야 한다는 것이다. 그 문제들을 윤리적으로 치유하고 개선해야 하는 몫도 있다.

'미래 교육 변화 주체'는 온데간데없다. 과부화된 '감정 노동'으로 소진된 삶이 더 시급한 문제로 나타난다. 한국교육개발원의 교육통계와 언론 보도에 따르면 2022학년도(4월 1일 기준) 전국 중·고교 담임 11만 295명 가운데 기간제 교원이 27.4%인 3만 173명이다.

10년 전인 2013학년도에는 15.1%였지만, 2010년대 중반부터 꾸준히 높아지고 있다. 감정 노동의 부담이 담임 기피 현상으로 이어진다는 분석이다. 기존 업무 부담에 더해 학생 생활지도와 학부모 소통 등이 갈수록 어려워지고 있기 때문이다.

미세먼지, 코로나19로 대표되는 기후·환경·감염병 등 '보이지 않는 자본주의 문제'도 교사들이 감당해야 할 몫이다. 이들 문제들은 진행 중인 현실의 위협이다. 하지만 삶을 얼마나 위태롭게 할지 예측이 어렵다.

예측하지 못한 문제들이 학교를 덮칠 때, 교사는 마땅한 답을 찾지 못한다. 어떨 때는 너무 막막한 문제 앞에서 어떻게 해야 할지 몰라 혼란에 빠지기도 한다. 능력 부족을 따지면 교사들은 억울할 것이다. 미세먼지, 코로나19가 덮쳤을 때를 떠올려보라. 최고 결정 권한이 있는 국가도 대응 방법을 명쾌하게 내리지 못했다.

다만, 교사들이 유독 거센 비판을 받는 이유는 약자인 '아이들' 을 지켜야 하는 고유의 책무가 있어서다. 교사들도 이를 모르는 것 이 아니다. 책무를 이행하기 위해 최선을 다한다.

최선의 노력만으로는 한계가 있다. 아이들이 겪는 문제는 자본 주의 문제를 반영하는, '정치적인 속성'을 갖는다. 문제들을 교사들 이 정치적으로 비판하고 성찰할 수 있어야 현실에 맞는 대책을 만 들 수 있다.

하지만 기회와 권한이 제대로 주어지지 않는다. 그러니 문제가 생길 때마다 정부와 교육청의 지침을 기다리고 충실히 이행할 수 밖에 없다.

출산율 하락·자본주의 부작용…연대를 통한 해결

교사들은 자신들과 학교에 쏟아지는 비판들을 '정치'로 반박하기가 힘들다. 반박 내용도 '중립적'이어야 한다. 반박의 근거로 많이 쓰이는 것이 법과 제도, 정부와 교육청에서 받는 공문들이다.

이런 행동 양식은 한계를 보이고 있다. 아이들과 학교에 영향을 미치는 문제들을 뜯어보면 전문 분야와 이해관계가 복잡하게 얽혀 있다. 미세먼지와 코로나19를 환경과 의료문제로만 규정할 수 없다. 정치·사회·문화를 포괄한다.

문제들은 갈수록 예측이 어려워지고 있다. 제주는 해마다 태풍 위협에 시달린다. 태풍 오기 전, 교육청과 학교는 바짝 긴장한다.

밤새 비상등을 켠다.

태풍 규모와 진로가 불투명한 것만큼 고역도 없다. 태풍이 제주에 직접 영향을 미치는 시점을 정확히 알아야 등교 시간을 늦출지 학교 문을 닫을지 결정할 수 있다.

기후 위기로 태풍 등의 천재지변 예측이 더욱 어려워졌다. 예측력이 떨어지면 학교와 교사들이 짊어져야 하는 책임의 부담이 더 커진다. 상황을 독자적으로 예측·판단해 결정한 경험도 적기 때문에 정부와 교육청의 지침을 하염없이 기다린다.

복잡하고 예측이 어려운 문제들을 학교 현장과 교사들이 독자적으로 해결하려면 시민사회와 연대해야 한다. 판단이 어려울 때 전문성과 경험을 갖춘 시민사회에 손을 내밀어 지혜를 얻어야 한다.

뿌리 깊은 '정치적 중립성'은 시민사회로부터 교사들을 고립시킨다. 다양한 정치성을 가진 시민사회와 지속적으로 교류하는 과정에서 연대의 기반이 만들어진다. 다양성을 폭넓게 학습하고 포용하겠다는 의지 위에서 연대의 가능성이 꽃핀다.

시민사회와 연대가 시급한 이유는 '출산율' 때문이다. 대한민국의 저출산은 '국가적 재앙'이라고 해도 무리가 아니다. 출산율을 높이기 위해 15년 동안 280조 원을 퍼부었다. 하지만 반등의 기미가 없다. 오히려 밑바닥을 알 수 없을 만큼 계속 떨어지고 있다.

제주 또한 '저출산의 늪'에 잠식되고 있다. 2023년 새 학기를 앞두고 충격적인 소식이 제주 사회를 덮쳤다. 제주 지역 모든 대학이 수시·정시 정원을 채우지 못한 것이다.

통계청이 발표한 '2022 출생·사망통계 잠정 결과'에 따르면 제주 지역 합계 출산율은 지난해 0.92명으로, 2021년 0.95명보다 0.3명 감소했다. 합계 출산율은 여성 1명이 평생 낳을 것으로 예상되는 평균 출생아 수를 말한다.

저출산의 여파는 보육·교육 기관에서 고스란히 나타나고 있다. 언론보도에 따르면 2023년 2월 기준 제주도내 어린이집 수는 451 곳으로, 8년 전인 2015년 574곳과 비교해 123곳이 문을 닫았다. 읍면지역 초등학교 학생 수도 갈수록 줄고 있어 학교 존립 여부가 위태롭다.

도내 대학들 정원 미달은 거대한 재앙의 신호탄에 불과하다. 앞으로 피해가 어떤 규모, 어느 범위까지 확산될지 가늠이 힘들다. 대책이 시급하지만 마땅한 대책이 없다.

'아이 낳고 키우기 좋은 사회'로 바꿔야 한다고 말하지만 너무 추상적인 구호다. 사회 구조를 전면적으로 재편해야 해결의 물꼬를 만들 수 있다.

이민자를 끌어들여 해결의 가능성을 만들 수 있을까? 부정적으로 본다. 이는 다문화 학생의 비율을 더욱 높이겠다는 것을 뜻한다. '정치 중립'이 발목을 잡는 상황에서 교사들이 다문화를 안정적으로 포용하는 교육을 할 수 있을까? 우리는 예멘 난민 사태에서 불안의 징후를 확인했다.

다문화 아이들을 포용하며 교육하기 위해서는 교사들도 '세계 시민'이 되어야 한다. 이를 위해서는 교사들이 '시민격'을 갖추어야 한다. 시민격을 자유롭게 형성하고 표현하려면, 다양한 정치 가치를 학습하고 경험해야 한다.

중앙 통제식의 '정치 중립'의 토양에서 가능할까? 슬프게도 교사들의 삶은 다양성과 더욱 멀어지고 있다. 다양성 확대의 씨앗을 권위적으로 차단하는, 반공주의 통치의 관습이 2023년에도 이어지고 있다.

2022년 11월, 교육부가 확정한 새 교육과정이 논란이 되었다. 언론보도에 따르면 새 교육과정에서는 중학교 역사와 고등학교 한국사에 '자유민주주의' 표현이 '민주주의'와 함께 병기된 채로 유지되었다.

고등학교 도덕 교과에서는 '성평등'이란 용어가 '성에 대한 편견'으로 수정되었다. 이에 대해 교육시민사회단체는 정부의 편향성을 지적하였다. 교육시민사회단체 48곳은 성명을 통해 "정부는 헌법에 보장된 교육의 자주성·전문성·중립성을 훼손하며 교육과정을 정권의 입맛에 맞게 뒤흔들었다."고 비판하였다.

중앙식 교육 통치는 제주 사회도 뒤흔들었다. 정부는 2022년

11월 새 교육과정을 행정 예고하면서 고등학교 역사 교과서의 제주4·3에 대한 기술 근거를 없앴다. 4·3을 배제하여 '자유민주주의' 통치 이념을 강화하겠다는 편향적 정치 전략이 확인된 것이다.

거센 비판과 반발이 일었다. 전교조 제주지부는 "자유민주주의에 기초한 대한민국 정부 수립 과정만을 탐구하게 되면 분단을 정당화하고, 제주4·3사건을 부정하는 결과로 이어질 수밖에 없다."고 지적했다.

제주도와 교육청, 4·3유족회도 공동 대응에 나섰다. "자유로운 역사교육이 전제될 때 과거의 아픔을 치유하고 미래로 나갈 수 있는 화해와 상생의 가치를 높일 수 있다."고 요구했다. 여론을 반영한 정부는 다시 4·3을 수록했지만 불안의 불씨가 꺼진 건 아니었다. 교육 현장 바깥에서는 4·3 색깔론이 전면적으로 확산되었기 때문이다.

출산율이 떨어지고 자본주의 부작용이 커지는 상황에서 궁극적으로 교사들에게 주어진 과제는 '아이 한 명, 한 명을 건강하고 행복하게 키우는 것'이다. 그 아이 한 명, 한 명은 다원화·다문화적인 정치 주체이자, 세계 시민이다.

아이 한 명이 드러내는 문제가 자본주의 문제이자, 대한민국 미래의 과제다. 시대 과제를 해결하기 위해 미래 교육의 장애가 되는 '정치적 중립성'을 극복하고 새롭게 구성해야 한다.

교사에게 '관용'을 채울 기회를 줘야 한다

교육청에서 일하던 2019년 5월 14일, 스승의 날을 앞두고 제주 지역 고등학교 학생부장과 3학년 부장을 초청하여 '교사들과의 소통' 시간을 가졌다. 학생부장과 3학년 부장은 교사들이 가장 힘들어하는 업무로 꼽힌다. 한 선생님은 이런 어려움을 토로하였다.

(행사) 자리 자체가 모순투성이 같습니다. 3학년 부장 선생님들은 "어떻게 하면 대학을 잘 보낼 것이냐. 징계 주지 마세요, 웬만하면 학생을 북돋아 주세요."라는 말씀만 하실 것 같구요. 학생부장 선생님들의 관점은 '어떻게 하면 학생들을 바르게 키울 것이냐.'인데 결국 대상이 다릅니다. 문제아가 몇 명이냐, 몇 퍼센트냐에 따라서 그 학생부장에게 업무가 가중되느냐, 아니면 업무를 빼고 학교폭력만 맡게 하는 식인데…학생부 선생님들에게 이율배반적인 일의 지시가 자꾸 내려옵니다…교칙 개정을 하라고 하지 않습니까. 교칙 개정하려면 학생, 학부모, 동문 의견 들어야 하는데 이거 하려면 시간이 주어져야 하는데 시간이 없습니다.

교사들에게는 학교의 소위 '문제아'들을 잘 키워야 하는 소명이 주어진다. 하지만 그 소명을 이행할 시간과 에너지가 부족하다. 정부와 교육청 등 중앙에서 이런저런 지침과 업무가 내려오기 때문이다.

업무 처리에 시간을 뺏기면 문제아들은 관심 밖이 된다. 그사이 문제아들이 '문제'를 만들면 그 책임은 교사의 몫이 된다. 소명과 행정 업무 사이에서 교사들은 혼돈과 답답함을 느낀다.

하지만 정치적으로 저항할 수 없으니 그나마 교육감이 있는 공개 자리에서 답답함을 토로할 수밖에 없다. 그것도 매우 큰 용기를 내서.

한국에서 교사는 '교육자'인가? '근대적 국민'으로 보는 것이 맞을 것 같다. 근대적 국민은 정치적 자율성이 없다. 권력으로부터 감시와 통제를 받기 때문이다. 국가 통치 이념을 충실히 이행하며 권력을 강화하는 역할에서 벗어나면 안 된다.

교사들은 내·외부의 감시 속에 반공적인 '정치 중립'의 이데올로기를 자발적으로 이행해왔다. 고3과 학생부장이 가장 힘든 이유는 지배 이데올로기가 절정으로 힘을 발휘하는 시기가 고3이기 때문이다.

학교마다 최고의 대입 성과를 내기 위하여 모든 자원을 동원한다. 아이들은 '딴 생각 말고' 오로지 대입 성과를 생산하는 데에 삶의 모든 것을 쏟아부어야 한다.

하지만 아이들 성향은 다양하다. 모든 아이들이 권력의 감시·

처벌의 장치를 순순히 받아들이지는 않는다. 때로는 저항하고 갈등하고 충돌한다. '문제아'는 생기기 마련이고, 치열한 대입 준비 시기에서도 '딴 생각과 행동'이 출몰한다.

감시·처벌의 장치가 통하지 않는 아이들이 교사들에게는 가장 힘든 상대다. 반대로 가장 편한 상대는 교사 말을 잘 듣는 모범적이고 공부를 잘하는 학생이다.

이는 한국 사회가 원하는 '학생상'이 되어 왔다. 아이들이 학생상을 벗어나려 저항할수록 교사들의 고단함과 부담감은 커진다.

그 고단함과 부담은 '문제적 현상'이 아니다. 다원적인 민주 사회에서 나타나는 당연한 현상이다. 아이들은 다양성을 품은 사회적·정치적 동물이기 때문이다.

인간을 특정 틀에 맞추기 쉬운 사회일수록 다양성에 대한 관용이 줄어든다. 그리고 한국 사회가 원하는 '학생상'은 인공지능 시대에 와서 결정적인 역설을 초래한다.

'학생상'의 틀에 완벽하게 맞는 인재는 '인간'이 아닌 '인공지능'이기 때문이다. 인공지능은 저항하지 않는다. 명령을 충실히 따른다. 질문에 대한 답변을 빠르고 정확하게 생산한다.

사람이 아닌 인공지능으로 꽉 찬 미래의 교실을 원하는 사람은 아무도 없을 것이다. 그렇다면 교육의 방향을 바꿔야 한다. 갈수록 다원화·다문화되는 아이 한 명, 한 명을 따뜻하게 포용하고 존중할 방법을 찾아야 한다. 아이들로부터 드러나는 '격차'를 줄일 방법을 찾아야 한다.

초등학교 교실을 떠올려보자. 다문화와 양극화의 문제를 함께 안고 있다. 부잣집 아이, 가난한 집 아이가 함께 지낸다. 한부모 및 조손 가정 등 가정 배경이 다른 아이들이 있다. 인종과 문화가 다른 아이들이 한 교실에서 생활한다. 비만·ADHD 등 몸과 마음 건강 문제를 가진 아이들도 있다.

공교육의 수업은 '정의(justice)'의 실현을 기대하게 한다. 자신의 아이를 학교에 입학시키는 부모의 마음을 떠올리면 이해할 것이다. 부모들은 정의의 원칙에 따라 내 아이가 다른 아이와 동등하게 공교육의 혜택을 받길 바란다.

《정의론》을 쓴 미국 철학자 존 롤즈(John Rawls)는 '최소극대화 원칙'을 이야기했다. "사회에서 가장 어려운 상황에 있는 계층의 복지를 극대화하는 분배가 최적의 재분배"라는 것이다.

교실 안에서 정의가 실현된다는 것은 '가장 힘든 상황'에 있는 아이들을 위한 교육의 복지가 이루어져야 한다는 것을 말한다. 이는 수업료와 급식비 등 '교육비용'에만 국한하지 않는다.

자존감·사랑 등 성장 과정에서 채워야 하는 '인간의 감수성'도 정의롭게 분배해야 한다. '최소극대화 원칙'을 대입하면 교사들은 소외되고 어려운 아이들에게 우선으로 사랑, 자존감, 정서적 지지 등을 줄 수 있어야 한다.

의지만 있다고 될 일이 아니다. 아이들의 다양성과 차이를 넉넉하게 품을 수 있는 크디큰 '마음의 그릇'이 필요하다. 그 그릇은 '관용'이다.

아이 한 명, 한 명을 '관용'으로 포용할 때, 따뜻한 감수성을 정의롭게 분배하겠다는 의지가 싹튼다. 관용은 그냥 만들어지지 않는다. 다양한 정치적 가치에 대한 풍성한 경험과 이해가 있어야 한다.

교사에게는 '관용'이 필요하다. 하지만 국가가 요구하는 중립성에 꼼짝없이 묶인 지금 현실에서는 관용을 키울 시간과 기회가 허락되지 않고 있다. 관용이 메마르면 다양성과 차이를 드러내는 아이들을 만나는 일이 두려움이고 공포다.

현재 한국 교육 문제는 공통적으로 '관용의 부재'가 반영되어 있다. 관용이 부재한 자리에는 차별과 편견, 혐오의 감정이 자라기 마련이다.

예비 교사를 '연대하는 주체'로 양성해야 한다

다양한 문제와 정치가 공존·갈등하는 교실에서 교사들은 어떻게 해야 할까. 다양한 정치적 입장을 수렴하고 이해할 수 있어야 한다.

이를 위해서는 다양한 인문학적 소양과 경험을 쌓아야 한다. '정치적 중립성'에 갇힌 현실에서 이 같은 요구는 '텅 빈 희망'일 뿐이다.

다양한 아이들을 동등하게 포용하고 돌보기 위해 교사들은 '다문화적 시민 교육'을 해야 한다. 지위에 관계없이 개인들에게 주어진 보편적 권리를 인정해야 한다. 뿐만 아니라 소수 문화를 위한 집단의 차이도 존중해야 한다.

다문화적 시민 교육을 할 수 있도록 교사가 시민격을 가진 '정치 주체'가 되어야 한다. 이를 위해 '제도적 처방'이 필요하다. 우선 교사 양성 제도를 개선할 필요가 있다.

예비 교사 때부터 시민격을 함양한 세계 시민이 될 준비를 해야 한다. 한국은 다른 나라에 비해 예비 교사들의 현장 실습 기간이 짧아 다양한 현장과 가치를 경험하는 데 한계가 있다는 지적이 있다. 캐나다는 실습 시간이 400시간에 이르지만 우리나라는 160시간에 불과하다.

더불어민주당 교육특별위원회와 민주연구원이 개최한 〈학령인구 감소 시대의 교원양성과 수급 정책〉 토론회에서 이광현 부산교대 교수는 "핀란드나 미국 등 교육 선진국들은 '사범학교-교육대학-종합대학'의 순으로 양성 체제를 개편해왔다. 우리도 외국의 사례를 적극적으로 바라보고 우리만의 교원 양성 모델을 구축해야 한다."고 주장하였다.

토론 자리에서 장창기 공주대학교 전 사범대학장은 독일에서 적용하는 '단계적 양성' 방식 도입을 검토할 필요가 있다고 제안하였다.

방식은 이렇다. 1단계인 학부 과정에서 4년을 마친 후 1차 교사 자격시험을 치른다. 시험에 합격하면 2단계 심화 과정(2년) 진급 자격을 갖게 된다.

　1차 자격시험은 기초소양, 전공 능력, 지적 능력, 교직 적성 등을 중심으로 교사의 자질과 기본적인 능력, 발전 가능성 등을 평가한다. 1차 합격자는 준교사 자격 또는 예비 교사 자격을 갖게 된다.

　2단계에서는 현장에 밀착된 교육실습, 전공 심화 과정, 교수법, 현장 연구 등을 이행한다. 실질적인 현장 적응력과 문제해결력, 자기 주도적 연구 능력 등을 키우게 된다. 2단계 교육을 성공적으로 마치면 정교사 자격을 갖게 된다.

　핀란드에서는 예비 교사들이 실습 과정 동안 실습 학교 멘토 교사, 대학 지도자(강사)와 끊임없이 상호작용한다. 이는 대학 교사교육 이론과 현장 경험·실천 간의 상호작용이 이루어지는 기반이 된다.

　실습 과정은 기본적으로 '성찰', '교육 이론과 방법론에 대한 결정', '사고하는 역량', '문제해결 역량', '방법론적 기술', '목적 의식' 등의 개념을 포함하는데 이는 교육적 사고를 형성하는 기초가 된다.

　다른 나라 사례를 반영해 근대적 국민이 아닌, 세계 시민 정체성을 가진 교사를 양성하는 방향으로 제도를 개선해야 한다. 새로운 제도에서 예비 교사들은 다원적 가치를 수용할 수 있는 독립·자유주의적 사고와 관용을 갖춰야 한다. 현장에서 실제로 구현할 교육 철학과 가치관, 윤리에 대한 인문사회학적 사유·성찰을 예비 교사 때부터 해야 한다.

이를 바탕으로 교사는 '한 명의 아이'를 중심으로 사회와 연대하는 시민이 되어야 한다. 연대를 포기하는 순간, 인간은 '자기 보존의 야만성'을 갖게 된다. 연대가 사라진 사회는 자기 보존의 욕망들이 살아남기 위해 각축을 벌이는 '야만의 격전장'이 된다.

예멘 난민의 사례에서 보듯이 우리는 갑자기 찾아온 낯선 사람들을 포용하지 못했다. 부정적 이미지를 갖고 혐오하거나 배제하려 했다. 혐오·배제 감정의 유래를 '야만적인 자기 보존' 문화에서 찾아도 무리가 아니다.

'야만적인 자기 보존'은 신자유주의 체제에서 살아남기 위해 벌이는 눈물겨운 생존 전략이다. 자신을 보존하기 위해 다른 사람에게 야만적 폭력을 행사하는 풍경을 보는 것은 이미 일상이 되었다.

한국사회의 사회적 연대가 얼마나 허약한지 보여주는 통계가 있다. 2019년 OECD '더 나은 삶의 지수(Better Life Index)' 중 '공동체 지수(Quality of support network)'를 보면 한국은 OECD 가입국 중 최하위다.

공동체 지수는 '어려움에 처했을 때 이웃이나 친구 등 사회적 네트워크의 도움을 받을 수 있다.'고 응답한 비율이다. 통계 발표 후 4년여가 지났지만 공동체 지수가 좋아졌을까? 대부분 고개를 좌우로 흔들 것이다.

OECD '더 나은 삶의 지수' 중 '공동체 지수' 상·하위 5개 국가
(단위: %)

상위	국가	지수
1	아이슬란드	97.7
2	뉴질랜드	95.6
3	덴마크	95.3
4	핀란드	95.0
4	아일랜드	95.0
⋮	⋮	⋮
하위	국가	지수
36	터키	85.7
37	칠레	84.8
38	멕시코	81.1
39	그리스	79.6
40	한국	78.4

※ 출처: OECD, 2019

'아이들'로 연대하는 것을 멈추지 않아야 한다

연대의 경험이 부족한 교사들도 '자기 보존' 욕망에서 자유로울 수 없다. 생존을 위해 신자유주의적 입시 체제를 스스로 가동하여야 한다.

이 숙명을 받아들이기 위해서는 고통에 냉담하여야 한다. 교사의 냉담은 교사를 향한 사회의 냉담으로 되돌아온다. 연대 없는 교실과 교육은 교사를 사회로부터 고립·단절시킨다.

자기 보존에 몰두한 사이 출산율이 뚝뚝 떨어지고 있다. 학생 수가 줄고 학교가 줄고 있다. 교사 정원 숫자가 줄어든다. 교육대학과 사범대학이 위기에 놓였다. '자기 보존'의 노력이 역설적으로 교사들을 생존의 절벽으로 내몬 것이다.

1990년대, 교사 협력을 정책으로 실행하기 위한 프로그램이 도입된다. '전문적 학습 공동체'다. 한국에서는 수업 연구회, 교사 연구회 등의 형태로 공식·비공식적으로 운영되다가 교육청 단위로 확대되기 시작했다.

문제는 교사들의 연대가 기대만큼 확장되지 않는다는 것이다. 경쟁과 성과, 서열 문화에서 비롯된 자기 보존 논리가 교사들의 삶을 지배하기 때문이다.

학교 안의 제도만 바꾼다고 교사들의 연대 의식이 기대만큼 확산될 수 있을까? 교사들의 생각과 삶을 지배하는 인식의 틀, '정치적 중립성'이 단단하고 높기 때문에 쉽지 않다.

교사들에게 닥친 현실의 위기를 바꾸는 열쇠가 '연대'다. 정치의 경계를 자유롭게 넘나들 수 있어야 정치 성향이 다른 정당·시민사회와 손잡을 수 있다.

연대는 '현실 정치의 실천 행위'이다. 방에 앉아 '연대하자!'고 외치기만 한다고 현실이 바뀌겠는가. 밖으로 나가야 하고 다양한 사람들을 만나야 한다. 문제는 교사들의 '연대 경험 부족'이다. 학교 안에서도 연대를 어려워하는데, 시민사회와 연대를 수월하게 할 수 있을까?

그럼에도 연대의 가능성을 '긍정적'으로 전망할 수 있는 이유는 정치 중립의 통제가 강력한 상황에서도 연대를 통해 문제를 해결한 경험이 있기 때문이다.

경험들을 하나씩 떠올려보면 연대를 가능하게 했던, 하나의 중요한 매개체를 만난다. 바로 '아이들'이다. 아이들을 중심으로 연대하면 교사와 시민사회는 권력에 대항할 수 있는 강력한 힘을 가진 공동체가 된다.

'세월호 참사' 이후 아이들을 지키지 못했다는 부채감이 시민사회에 깊게 내재하였다. 그때부터 아이들을 사회가 지키고 보호해야 한다는 신념이 상식으로 자리 잡았다. 이제는 아이들의 건강·안전을 위협하는 요인들을 교사와 시민사회가 함께 해결하는 것을 자연스럽게 받아들인다.

사회적 연대가 권력이 개입한 정치 문제도 해결할 수 있음을 보여준 대표 사례가 2015년 박근혜 정부가 추진한 '역사 교과서 국정화'다. 당시 교육계와 시민사회 연대에 의한 강력한 저항으로 인하여 국가 주도의 반공주의적 역사 교육 프로젝트는 중단되었다.

연대의 힘은 여기서 그치지 않았다. 현행 교과서 발행제도를 비판적으로 성찰하는 공론장을 만들었다. 이를 통해 역사 교과서를 포함한 초·중·고 교과서 발행체제를 '검인정'에서 '자유 발행제'로 진전시켜야 한다는 합의점을 도출하였다.

'연대'는 "인간이란 무엇인가."라는 질문의 답을 알려준다. '연대'는 인간과 인공지능을 구분하는 인간 고유의 실천적 행동이다. 연대하는 과정에서 인간은 자신을 반성하고 타인을 포용·존중한다.

인공지능이 비추는 미래 문제를 해결하는 기반도 '연대'다. 연대의 틀 위에서 인공지능을 윤리적으로 규제·활용할 수 있는 제도가 만들어진다.

'아이들 문제'는 연대에 자발적으로 참여할 수 있는 기회가 된다. 교사들은 '아이들의 문제'를 시작으로 연대의 경험을 쌓아야 한다.

연대가 가능하려면 참여하는 사람들을 편견 없이 받아들이는

'개방성'이 충족되어야 한다. 아이들의 문제는 교사를 넘어 시민 삶의 문제다. 우리 사회 미래 과제를 반영한다.

아이들 건강·안전 문제는 정치 경계를 뛰어넘게 한다. 사람들은 이해 관계를 뒤로하고 오로지 문제 해결을 위해 광장에 모인다.

아이들을 향한 사랑과 걱정 앞에서 다름에 대한 편견과 두려움은 힘을 잃는다. 아이들의 문제는 연대의 개방성을 충족하는 '공통 문제'가 된다. 또한 아이들의 문제는 '연대의 견고함'도 오랫동안 이어지게 한다.

우리는 연대가 허약했을 때 어떤 비극을 맞았는지 생생히 기억하고 있다. 질문과 연대가 사라진 공간에서 '세월호 참사'가 일어났음을 잊지 말아야 한다. '아이들'로 연대하는 것을 멈추지 않아야 한다.